JN023022

THE FRONTIERS OF SPORT PSYCHOLOGY

スポーツ心理学のフロンティア

スポーツ選手のためのアドラー心理学

Uchida Wakaki
内田若希❖著

大修館書店

はじめに

アドラー心理学は、精神分析を確立したジークムント・フロイトや、分析心理学を築いたカール・グスタフ・ユングと並ぶ心理学の大家である、アルフレッド・アドラーによって創始されました。世界的に見ると、フロイト、ユング、アドラーの三人は、初期の臨床心理学の礎を築き、様々な心理学者に多大な影響を与えたことから「心理学の三大巨匠」と呼ばれています。ちなみに、アドラーの影響を受けたとされる著名な心理学者には、パーソンセンタード・アプローチ（人間中心アプローチ）で知られるカール・ロジャーズや、ナチス強制収容所を生き延び、後に『夜と霧』を執筆したヴィクトール・フランクルなどがいます。

「日常使いの心理学」「実践の心理学」と称されるアドラー心理学は、『嫌われる勇気』（岸見一郎著、ダイヤモンド社）が二〇一四年にベストセラーになったことを皮切りに、一般向けの関連書籍が多く出版されたことで世間に広く知られるようになりました。残念ながら、アドラー心理学の考え方は、従来のスポーツ心理学領域ではほとんど取り上げられてきませんでした。しかし、競技スポーツに関わるすべての人にとって、アドラー心理学を学ぶ価値は非常に高いと考えています。その理由は、大きくまとめると二つあります。一つ目は、アドラー心理学の五つの基本的な考え方や勇気づけの方法を理解することで、「強みとしての特性（character strengths）」を育み、選手として（もっと言えば、選手であること以前にその人自身として）の成長に貢献できるからです。また、アドラー心理学では、相互尊敬・相互信頼を対人関係における基本理念に据え、自分ではなく相手の枠組みで理解する共感的な態度を重視しています。この対人関係のあり方が、指導者と選手や選手同士、競技スポーツに関わるすべての人々（家族、審判、トレーナー、スポンサーなど）との対人関係においても有用であるというのが二つ目の理由です。

まず、一つ目の理由である強みとしての特性について考えてみましょう。競技スポーツでは、試合に勝つことが最大の目標とされ、長きにわたり勝利至上主義が称賛されてきました。選手は試合での勝利をおさめるために、パフォーマンスの向上を目指して日々過酷なトレーニングに身を投じています。しかし、最終的に頂点に立つことができるのは、たった一人だけです。オリンピックで金色に輝くメダルを胸に掲げることができるのも、決勝戦での歓喜の瞬間に握った拳を天高く突き上げることができるのも、たった一人だけなのです。競技スポーツの試合では、勝つ選手より負ける選手のほうが圧倒的に多いのです。もちろん、一度も負けたことのない選手などいないでしょうし、敗北から学ぶこともたくさんあります。多くの選手は、意味のある敗北が存在することを、経験則として理解しているのではないでしょうか。

しかしながら、そうであっても、勝敗が切っても切り離せない競技スポーツにおいて、試合で思うようにパフォーマンスを発揮できなければ、選手は様々な悩みや苦しみ、葛藤を抱えることになります。過去の経験やまだ見ぬ未来への囚われ、他者や環境からの影響による心の揺れが、選手の心の中に細波となって広がり、やがて試合でのパフォーマンス発揮や競技生活に支障をきたす障壁となるのです。だからこそ、今の自分を主体として、悩みや苦しみ、葛藤と向き合う術を身につける必要があります。そのためには、強みとしての特性を育むことが肝要です。本書で取り上げるアドラー心理学の基本的な考え方や勇気づけの方法を理解することで、強みとしての特性を養うためのエッセンスを身につけることができると考えます。

つぎに、二つ目の理由として挙げた対人関係のあり方について考えてみます。日本社会の対人関係では、どこまでいっても「タテ」の関係がついてまわります。学校でも会社においても、学年や年齢に基づいた先輩・後輩という「タテ」の関係が生まれます。最近の若者は、肩書きや年齢に縛られない自由な関係に慣れていると言われますし、たしかに昔と比べて「タテ」の関係は和らぎつつありますが、スポーツ界における「タテ」の関係はいまなお色濃く残っているようです。

「タテ」の関係が残るスポーツ界において、特に指導者は、自分の経験や価値観を重視し、上下関係に基づいた評価的な態度で選手と接してしまいがちです。しかし、アドラー心理学に基づいて指導者と選手の関係性を捉えるなら、そこには「ヨコ」の関係が生まれます。つまりそれは、選手の経験や価値観を尊重し、選手を信頼し、目標に向けてともに歩んでいくことを意味します。そして、指導者が自分の解釈だけで物事を見たり、判断したりするのではなく、「選手の目で見、選手の耳で聞き、選手の心で感じる」という共感的な態度を養うことにつながります。もちろんこれらのことは、指導者と選手の関係性だけでなく、選手同士や競技スポーツに関わるすべての人たちとの関係性を考える上でも、きっと役に立つと思います。

さて、これまでのスポーツ心理学において、様々な心理的スキルトレーニング（いわゆるメンタルトレーニング）やチームづくりの方法が紹介されてきました。多くの場合、それらは試合で勝利するための競技力向上や実力発揮を前提としていたり、「なぜ不安になるのか」「なぜ監督とうまく関係性を築けないのか」といったように、現在生じている出来事や現象の原因を探しだし、その原因となっている問題にアプローチしたりすることが中心であったように思います。無論、そのようなアプローチの有効性を否定するつもりはありません。けれども、実力発揮の追求や、心理的な問題の原因を探しだすだけでは、選手の強みとしての特性を引きだし、より良い競技生活をどのようにして送るのか、選手として（また人として）いかに生きていくのかといった問いに、十分に応えられていなかったように思います。この点に関しても、アドラー心理学が役に立つヒントを与えてくれると考えています。

そこでこの本では、アドラー心理学と従来のスポーツ心理学のエッセンスを融合させながら、①強みとしての特性を磨き、自分の心と向き合って主体的かつ建設的に生きていく方法と②「ヨコ」の関係を土台としながら、選手の人間的成長を促す勇気づけのあり方を提示することを目指したいと思います。

まず、第1章では、スポーツ心理学の基本的な考え方や、強みとしての特性を育むことの必要性について説明します。つぎに、理論編となる第2章では、アドラー心理学の五つの基本的な考え方である「目的論」「個人の主体性（主体論）」「対人関係論」「全体論」および「認知論」について解説します。実践編の第3章では、アドラー心理学の理論的枠組みに基づいて、競技スポーツに役立つ心の整え方を紹介していきます。実践的な理解を深めるために、簡単なエクササイズやケース（事例）も紹介しています。なお、ケースとして登場する選手は実際の人物をモデルとしていますが、個人情報保護の観点から選手名は仮名とし、文脈を損ねない範囲で改変を加えています。また、複数のケースを組み合わせて作った架空の事例であることもご承知おきください。

「日常使いの心理学」「実践の心理学」として位置づけられるアドラー心理学は、日常生活の中で実践してこそ、その真価を発揮します。ぜひ、本書を通じて学んだ理論を机上の空論で終えることなく、日々の競技生活の中で取り組んでみてください。そして、自分自身に対する理解が深まったり、他者や物事の見え方が変わったりすることで、みなさんの競技生活がより豊かで充実したものになることを願っています。

目次

第1章

心を強くする心理的スキルトレーニング

第1節 心理的スキルトレーニングとは？

勝利が重視される競技スポーツ

「より速く、より高く、より強く」―これは、オリンピックのモットーとして広く知られている言葉です。このモットーは、一八九四年の国際オリンピック委員会設立時の会議で、「近代オリンピックの父」と呼ばれるピエール・ド・クーベルタンによって提案され、採択されました。クーベルタンは、このモットーの本来的な意味とは、単に記録や勝敗を競って勝利や成功を収めることではなく、競技に挑む中で人間としても成長していくことであると考えていました[1]。つまり、「より速く、より高く、より強く」とは、勝利を手にすることよりも、どのように挑戦し戦ったのかに重きを置く言葉なのです。しかし、競技スポーツでは、長きにわたり勝利至上主義や勝利優先主義が礼讃されてきました。そして、競技スポーツの最大の目標は勝つことであり、結果がすべてであるといった風潮が、いまだ根強く残っているのではないでしょうか。勝利至上主義に基づく生き方では、勝利の先に何を求めるのかという問いに答えることはできません[2]。そのような中で、クーベルタンが意図した「より速く、より高く、より強く」の本来の意味が、見失われつつあるように思うのです。

また、選手の周囲の人々も、選手が勝つことや、より良い成績を残すことに期待を寄せがちです。トップレベルの選手が試合に負けた時のインタビューで、「期待に応えられませんでした」とコメントする場面を、みなさんも一度は目にしたことがあるのではないでしょうか。もしくは、結果を残せなかったドラフト一位入団のプロ野球選手に対して、「期待外れのドライチ」などという言葉が浴びせられることもあります。競技スポーツにおいて、選手は常に結果を問われ続けているのです。

そして選手は、より速く走ること、より高く跳ぶこと、より強く身体を強化することだけでなく、より美しく演技をすること、より遠くに飛距離を伸ばすこと、より完璧にプレーすることを追い求め、日々の過酷なトレーニングに身を投じていきます。家族や友人との時間や学業に勤しむ時間を犠牲にして、身体的あるいは技術的な向上のために膨大な時間を練習に費やすのです。

残念ながら、競技スポーツの試合においては、勝つ選手より負ける選手のほうが圧倒的に多いのが現実です。一度も負けたことのない選手などもちろんいないでしょうし、屈辱を味わったり、打ちのめされたりしたことは、どんな選手でも一度や二度はあるものです。だからこそ、勝ち負けという単なる結果ではなく、どのように挑戦して戦ったのかというプロセスや意味を、今こそ問い直す必要があるのではないでしょうか。日本のスポーツ心理学の礎を築いた一人である徳永幹雄氏は、「いかにして勝つか、負けるか、そしてスポーツをする価値をもう一度考える必要がある（動きを直せば心は変わる―メンタルトレーニングの新しいアプローチ[3]、pp. 2–3）」と述べています。勝利というスポットライトの光や華々しい称賛を浴びる瞬間だけに価値があるのではなく、どのように戦って勝ったのか、どのように挑戦して負けたのか、その中にこそ意味や学びが数多く含まれていることを忘れてはならないでしょう。

根性さえあれば勝てる？

近年、スポーツ科学やトレーニング理論が発展し、選手を取り巻く環境は大きく変化してきました。オリンピックやパラリンピックに出場するようなトップレベルの選手には、スポーツ科学や生理学、栄養学、心理学などの最新の学術的な知見を踏まえたサポートが、国を挙げて展開されています。しかし以前は、学術的・科学的根拠のない根性論や精神論を土台とし、非合理的なトレーニングや指導が行われることが多分にありました。何のためにそのトレーニングをするのかという理由や、どのようにそのトレーニングを行うのかといった理論よりも、「苦しみに耐えてやり続ければ結果につながる」という指導が、往々にして行われていたのです。理論より気合い、いわゆる「スポーツ根性論」と呼ばれる考え方です。

競技スポーツにおける根性の考え方は、一九六四年に開催された東京オリンピックを契機として、学校での体育や運動部活動に浸透していったと考えられています。東京オリンピックでは、メダルを獲得するための選手強化の具体的な方針として「根性づくり」を掲げ、勝利に向けて練習に打ち込み、苦しさに耐えて努力を怠らない特徴を備えた「根性のある選手」の育成が打ちだされていました。そして、勝利という目標達成のために精神を集中し、困難に屈せず継続する強固な意志を意味する根性の養成には、猛練習が重要だと考えられたのです[4]。

また、一九六〇年代後半から七〇年代にかけて、「スポ根もの（スポーツ根性もの）」と呼ばれるアニメや漫画、ドラマなどが人気を博したことも、スポーツ根性論が世間一般に受容される追い風になったようです。梶原一騎氏の『巨人の星（一九六六年連載開始）』や、浦賀千賀子氏の『アタックNo.1（一九六八年連載開始）』などは、その代表例ではないでしょうか。「スポ根もの」のいずれにも共通するのは、血の滲むような努力の先に勝利や栄光があるのであって、そのためにはどんなに辛いトレーニングであっても、それを乗り切る気合いと根性が求められているということです。まさに、「思う念力岩をも通す」なのです。

スポーツ経験のある方であれば、「気合いと根性があれば勝てる」「絶対に勝つという気持ちがないから負ける」などという言葉を耳にしたことがあるのではないでしょうか。一九八八年のソウルオリンピックにおいて、柔道の52キロ級で銅メダルを獲得した山口香氏は、次のように述べています。「古い世代になればなるほど『根性論』を強いられ、何としてでも勝ち上がっていく精神力が必要だと言われて育てられてきました。（中略）『怪我ぐらい、骨折ぐらいで弱音を吐くな』といったことを言われたことのあるスポーツ経験者は少なくないはずです。（中略）『試合を楽しみたい』といったようなぬるいものではなく、何としてでも勝つという勝利への執着や根性をいまの子たちにも持っていてほしい、そのために少々の理不尽も我慢しろ、私だってそうしてきたんだ、とも思う（月刊Hanada ２０１８年８月号[5]、pp. 282–289）」と。

たしかに、いまだ勝利至上主義を拭いきれていない競技スポーツにおいては、根性があることで、徹底した競争と勝利追求を求められる練習・試合の場からの離脱が抑制されるという側面もあります[6]。でも、前述の山口氏は、「しかし指導者としては、それが古い考え方であることを自覚しなければなりません」と続けています。選手の心理面のトレーニングにおいても、単なる根性論を超えて考えていく必要があるのです。

実力発揮のための心理的スキルトレーニング

近年、練習で磨き上げてきた能力や実力を試合本番で存分に発揮するために、心理面の強化に取り組むことの重要性が指摘されるようになりました。その理由は、心理面の強さが実力発揮と深い関係にあるからです（図1-1）。試合や大会での競技成績には、技術、体力、そして精神力の三つの要因が関連すると考えられています。しかし、競技経験の浅い選手が、いくら精神力だけを鍛えても、長年にわたって技術面や身体面のトレーニングを積み重ねてきた選手に勝てる確率は、かなり低いということは言うまでもないでしょう。技術や体力といった競技のベースとなる要因を、まずは向上させることが肝要です。一方で、試合や大会という大事な場面において、緊張や不安など何らかの心理的要因によって心が乱

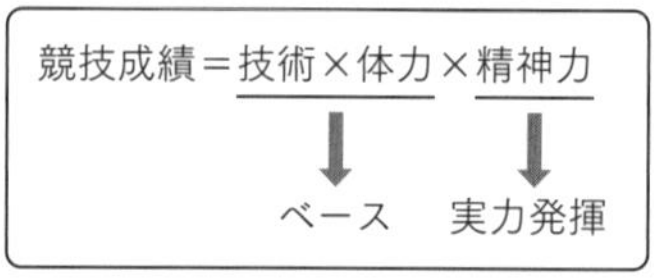

図1-1　競技成績は何によって決定されるのか？（徳永[8]を参考に著者が作図）

され、練習で培ってきた力の半分すら実力を発揮できないこともあるでしょう。その時にこそ、精神力が重要な鍵となってきます。精神力とは、選手が練習によって身につけてきた実力を、一〇〇パーセント発揮するために役立つものなのです。

この精神力のことを、スポーツ心理学では「心理的スキル」と呼び、そのトレーニングを心理的スキルトレーニングと言います。一般的には、メンタルトレーニングと呼ばれることもあります。心理的スキルとは、技術などのスキルと同様に、学習し、練習することによって獲得することができます。したがって、心理的スキルトレーニングに取り組むことで、実力発揮のための理想的な状態に、自分の心をコントロールするためのスキルを身につけることができるのです。

ここで重要なことは、心理的スキルトレーニングは魔法ではないということです。あくまで技術などのスキルと同様に、繰り返し練習して習得することによって、最大限の実力発揮につなげることができるのです。筋力トレーニングを行えば、筋肉痛を感じたり、徐々に筋肉がついていくことによって、その成果を実感することができます。でも、心理的スキルトレーニングを実践しても心が筋肉痛になることはありませんし、心は目に見えないので、その変化を視覚的に捉えることもできません。このため、その効果や成果がとてもわかりづらいものです。しかし、目標設定、プレパフォーマンス・ルーティン（パフォーマンスの前に行う一連の動作や思考など）、リラクセーション、セルフトーク、イメージトレーニングなどを実施した35の介入研究を検証した論文において、心理的スキルトレーニングが選手のパフォーマンスにポジティブな効果を及ぼすことが示されています[7]。しかもその効果は、心理的スキルトレーニング終了後も、一ヶ月ほど持続することがわかったのです。したがって、従来のスポーツ心理学における心理的スキルトレーニングであれ、本書でご紹介するアドラー心理学のアプローチ方法であれ、自分自身に合う最適な方法を探求し、実践を続けることが大切だと思います。

以下では、従来のスポーツ心理学において実践されてきた心理的スキルトレーニングについて、簡単に概観しておくことにします。

心理的スキルトレーニングの方法

これまでに、心理的スキルトレーニングの実践に関する書籍は、数多く出版されています。その中でも、スポーツ心理学において広く知られている心理的スキルトレーニングの枠組み[3][8]を**図1-2**に示しました。本書では、この枠組みの中から、選手にとって必要となる心理的スキルについて概説するとともに、効果的な目標設定と最適な心の状態について説明していくこととします。これらの視点は、第2章以降で述べるアドラー心理学を考える上でも、有用なヒントを与えてくれると思います。

❶ 選手に必要な心理的スキルの診断

私たちは、心を目で見ることはできません。しかし、自分にとって強みとなる心理的スキルは何か、改善する必要のある心理的スキルは何かを把握しなければ、どのようにトレーニングをす

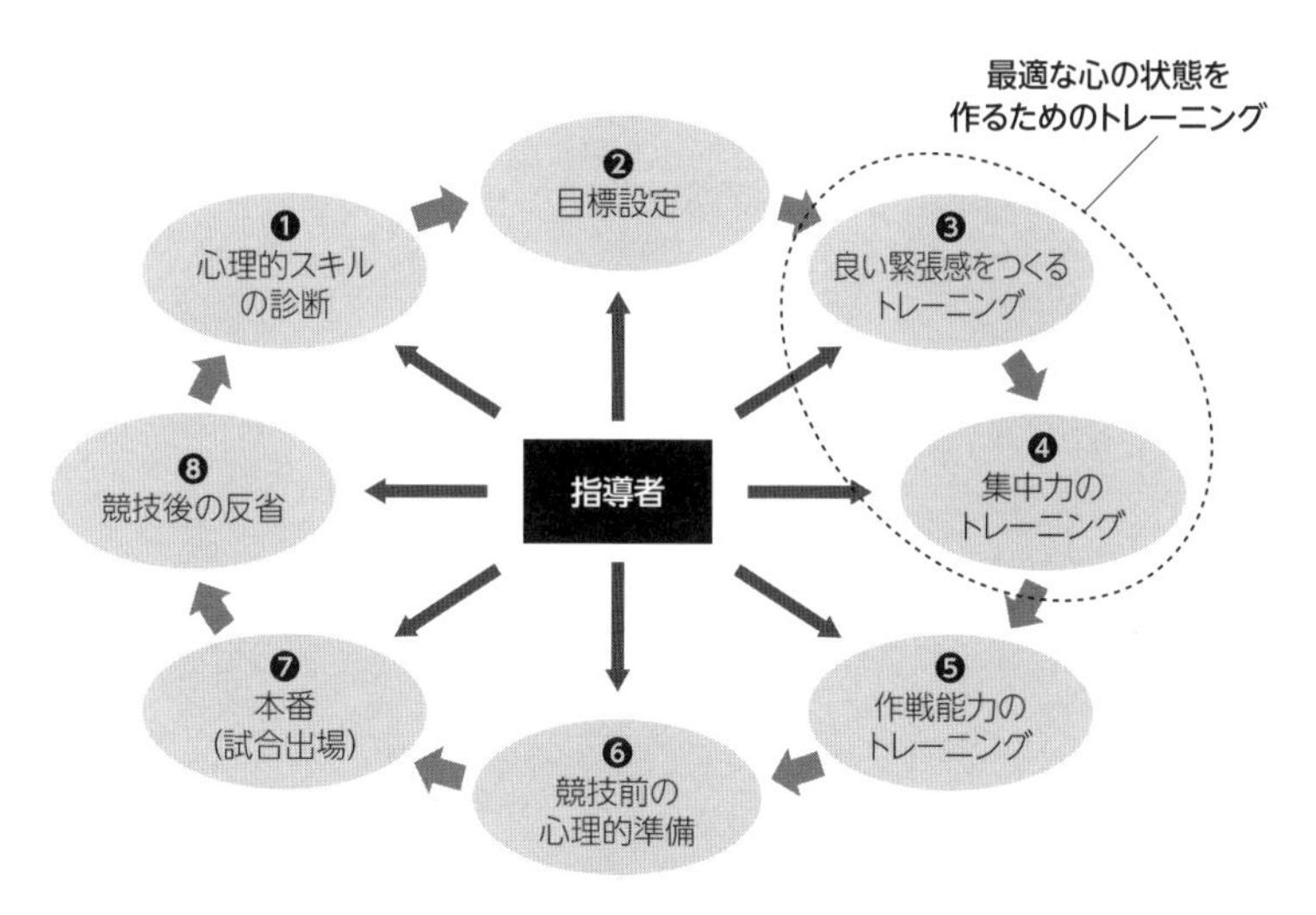

図1-2　心理的スキルトレーニングの枠組み（徳永[3)8)]を一部改変）

れば良いのかがわかりません。したがって、まずは自分の心理的スキルを診断して把握することが、心理的スキルトレーニングの「はじめの一歩」となるのです。

これまでに、目に見えない心を可視化して評価するために、様々な質問紙が用いられてきました。臨床心理学領域の学者であるダグラス・マックネアたちが一九七一年に開発した気分プロフィール検査（Profile of Mood States: POMS）[9]は、頻繁に利用されてきたものの一つです。POMSとは、過去一週間の気分の状態を測定するための65項目から成る質問紙で、「緊張・不安」「抑うつ・落ち込み」「怒り・敵意」「活気」「疲労」および「混乱」の六つの要素を測定できます（なお、二〇一二年にPOMS 2が発表され、「友好」の要素が加えられていま

表1-1　選手に必要な心理的競技能力

1. 競技意欲	①忍耐力 ③自己実現意欲	②闘争心 ④勝利意欲
2. 精神の安定・集中	⑤自己コントロール能力 ⑦集中力	⑥リラックス能力
3. 自信	⑧自信	⑨決断力
4. 作戦能力	⑩予測力	⑪判断力
5. 協調性	⑫協調性	

す[10]）。しかし、POMSはあくまで気分の状態を測定するものです。心理的スキルトレーニングを実施する際には、選手の気分の状態ではなく、競技スポーツの様々な場面で必要となる心理的な能力を評価する必要があります。

スポーツ心理学において、選手が実力を発揮するために必要な心理的スキルは、「心理的競技能力」と呼ばれています（**表1-1**）。心理的競技能力は、大きく見ると「競技意欲」「精神の安定・集中」「自信」「作戦能力」および「協調性」の五つに分類されます[11]。さらに、競技意欲は、我慢強さやねばり強さを発揮するための「忍耐力」、試合でのファイトや闘志がある「闘争心」、自分の可能性へ挑戦する「自己実現意欲」、勝ちたい気持ちである「勝利意欲」に分類されます。また、精神の安定・集中は、いつもどおりのプレーや気持ちの切り替えを行う「自己コントロール能力」、不安や緊張を抑える「リラックス能力」、落ち着いてプレーに集中する「集中力」に分けられています。自信には、実力の発揮や目標を達成する「自信」と失敗を恐れない「決断力」が、作戦能力には、勝つための作戦を立てたり作戦を切り替えたりするための「予測力」と、的確で冷静な「判断力」が含まれています。そして、「協調性」とは、チームワークや団結心を備え、協力したり励ましたりできるスキルを指します。

この心理的競技能力は、スポーツ心理学者の徳永幹雄氏と橋本公雄氏によって開発された心理的競技能力診断検査（Diagnostic Inventory of Psychological-Competitive Ability for Athletes: DIPCA. 3）[11]によって測定できます。DIPCA. 3を用いて自己分析することで、トレーニングを必要とする心理的スキルを把握することが可能になります。なお、DIPCA. 3には男女差があることや、競技レベルの高い選手ほど優れていること[12]、競技志向の強い選手ほど競技意欲や自信が高いことなどが報告されています[13]。

❷ 目標設定とは？

(1) 効果的な目標設定の原則

適切な目標の設定は認知的な能力を伴う作業であり、練習することで上達することから、心理的スキルの一種としてみなされています[14]。みなさんもこれまでに、「ベストを尽くす」「最高のプレーをする」のような目標を設定したことがあるのではないでしょうか。もしくは、「全国大会に出場する」「優勝する」などのように、結果に関する目標を立てたこともあると思います。しかし、このような類の目標は、その目標を達成するために、何をどのように練習して準備をするのか、本番ではどのようなパフォーマンスを発揮するのかという具体的な視点が含まれていません。アメリカの心理学者のエドウィン・ロックによって一九六八年に提唱された目標設定理論では、①難易度の高い目標を設定すること、②「最善を尽くす（do your best）」のような曖昧なものではなく、具体的な目標を設定することによって、より生産性が高まることが示されています。[15] このような適切な目標を設定することは、競技スポーツにおけるパフォーマンスの向上においても重要です。

目標設定は、競技での方向性や課題を確認したり、なりたい自分になるための設計図を作るようなものであり、選手にとって重要な心理的スキルの一つであることは間違いありません。練習に対するモチベーションを高め、効率良くパフォーマンスを向上させるためには、効果的な目標設定の原則を知っておく必要があります。簡潔に**表1－2**にまとめましたので、参考にしてください。

なお、この原則に従って目標を定めると、試合後の反省においても、「勝ち」「負け」という結果のみで評価するのではなく、「成功」「改善」の視点から自分のパフォーマンスを振り返ることが可能になります。たとえば、単に「優勝する」という目標だけでは、大会で優勝できた、できなかったという評価をするだけになってしまいます。でも、「自己記録を○分縮めて（＝パフォーマンスに関する目標）、優勝する（＝結果に関する目標）」という目標を持って試合に臨んだとすれば、自己記録を縮めた上で優勝すればそれは大成功だと言えますし、仮に優勝できなかったとしても自己記録を大幅に縮めたのだとすれば、それはある種の成功と捉えることができます。逆に、た

表1-2　目標設定の原則と具体例（あるマラソン選手を例に）

①長期的な目標だけなく、中期・短期的な目標を設定すること

・長期目標＝数年以上先を見通した理想とする目標。例）オリンピックで金メダルを獲得する。

・中期目標＝マイルストーンの役割を果たす目標。例）前年までに、オリンピックに出場するために必要な標準記録を突破する（いつまでに、どのくらいのタイムを突破するのかを具体的に設定）。

・短期目標＝日常の練習と直結する目標。例）「今月は月間800キロ走りこむ」という今月の目標を立て、そのために今週は何をするか、今日は何をするのかを具体的に決定していく。

②抽象的な目標ではなく、具体的な目標を設定すること

「次のレースで最高の走りをする」のような抽象的なものではなく、より具体的に設定する。例）最初の５キロまでは１キロ○分のペースでリズムを刻み、次の５キロは…（中略）残り10キロの登り坂でしかけて、ラストスパートをかける。

③勝敗や順位に関する結果目標だけでなく、具体的なプレーに関するパフォーマンス目標を設定すること

「次の大会で優勝する」といった結果目標だけでなく、測定・評価が可能なパフォーマンス目標を設定する。例）自己記録を○分縮める。そのためには、１キロ○分のペースで走る。

④挑戦的かつ現実的な目標を設定すること

目標の難易度が、高すぎても低すぎても望ましくない。自己ベストが３時間の選手を例にすると、「次の大会を２時間30分で走る」という達成可能性の低い目標ではなく、挑戦的でありつつも、一生懸命練習すれば達成できそうな目標を考える。例）自己記録更新に向けてスピードに磨きをかけるため、5000mの自己記録を○秒縮めることを目指して練習する。

とえ優勝できたとしても、自己記録には遠く及ばない結果だったとすれば、優勝したことに一喜一憂するのではなく、今後どのようにパフォーマンスを改善していくのかを考える必要があるでしょう。そして、いずれも達成できなかったのだとしたら、パフォーマンスの大幅な改善が必要だということになります。もしくは、そもそも論として、目標の難易度が高すぎて現実的ではなかった可能性もあり、この場合は目標設定そのものを見直す必要があります。このような観点からの試合の振り返りは、適切な目標設定をしていなければできませんので、この意味からも目標設定の大切さが理解できると思います。

(2) 何のためにスポーツを行っているのか？

ここまで、目標設定の原則を見てきましたが、目標設定を行う前に「何のためにスポーツを行っているのか」も確認しておくことが望ましいと思います。なぜ、スポーツを行い、続けているのかを考える上で重要な概念は、「動機づけ」と呼ばれるものです。日常用語としては、「モチベーション」とか「やる気」などという表現が使われることもあります。この動機づけとは、様々な心理学の領域において取り扱われる主要な概念の一つで、行動を一定の方向に向けて発動させ、推進し持続させる過程のことを意味します。[16] スポーツ心理学においては、選手の動機づけを理解することも、競技力向上のための重要な要因であると考えられてきました。

動機づけには、大別すると外発的動機づけと内発的動機づけの二種類があります。たとえば、「勝利することで他者から称賛を浴びたい」「金メダルを獲得して一流選手として名を馳せたい」

などのような理由でスポーツをしている場合は、外的な報酬によって行動が生じているので外発的動機づけに分類されます。一方、たとえ練習がきつくても、スポーツをすることが楽しくて続けている選手もいるし、自分の可能性や限界にチャレンジしたいがために、練習に励んでいる選手もいるでしょう。このように、達成感や自己実現などの内的な報酬や、行動の遂行そのものが目的となる場合を、内発的動機づけと呼んでいます。

外発的動機にはいくつか種類があって、①人間的なつながりを求める親和動機、②金品などの物質的報酬を求める獲得動機、③他者より優れたいという優越動機、④優れた結果を残して社会的に認められたいという承認動機、⑤有名になりたいという顕示動機などが含まれます[17]。「応援してくれている親を喜ばせたいから、一生懸命に練習に取り組んでいる」「仲の良い友人がそのスポーツをしているから、自分もやっている」などというのは、親和動機に当てはまります。獲得動機によって動機づけられている場合は、「プロ選手になってお金を稼ぎたい」「良い成績を残すことで選手価値を高めて、スポンサーを獲得する」などが行動の動機になります。優越動機は、「勝たなければ意味がないので、とにかく勝つために練習を頑張る」「チームの中で一番になりたいので、誰よりも多く練習をする」のように、他者との関係性の中で勝利や優越性を追求する際に働きます。また、「コーチに認められたくて一生懸命に頑張る」「周りからすごいねと言ってもらえて、さらにやる気がでた」などは承認動機、「観戦に来てくれた人に格好良いところを見せたい」「新聞やテレビに取り上げられるほどの有名な選手になりたい」などは顕示動機の例としてわかりやすいと思います。

このような、外発的動機づけに基づいてスポーツに取り組んでいる選手は、結果や順位に関する結果目標に固執し、それが達成されなければやる気をなくすかもしれないし、思うように結果を残せない状況が続けば、様々な悩みや苦しみ、葛藤を抱える可能性があります。そのため、外発的動機づけと内発的動機づけのどちらが重要かという二元論的な議論においては、概して外発的動機づけが「悪」、内発的動機づけが「善」とみなされてきました。

しかし、最初は人からの勧めで始めた競技スポーツが、いつしか自分の限界に挑む喜びを生むものに変わっていくことがあります。逆に、子どもの頃はスポーツをすることがただひたすらに楽しく、ワクワクしていたはずなのに、競技レベルが上がるにつれて他者からの評価や求められる結果を満たすために練習するようになる場合もあります。つまり、その時々の状況や外的な要因によって、外発的動機づけと内発的動機づけの度合いが変化するのです。このことから近年では、外発的動機づけと内発的動機づけを対立的な概念として分類するのではなく、連続体として捉える自己決定理論[18]が支持されています（図1-3）。自己決定理論では、自己決定性（自律性）の程度を軸として動機づけを捉えます。自己決定性という言葉を「自主性」「主体性」に置き換えて考えるとわかりやすいと思います。

たとえば、「親に勧められたから」「勝ったら賞金がもらえるから」などは、本人の意思ではなく外的な要因によってスポーツを行っている状態です。一方、「負けると恥ずかしいから」など

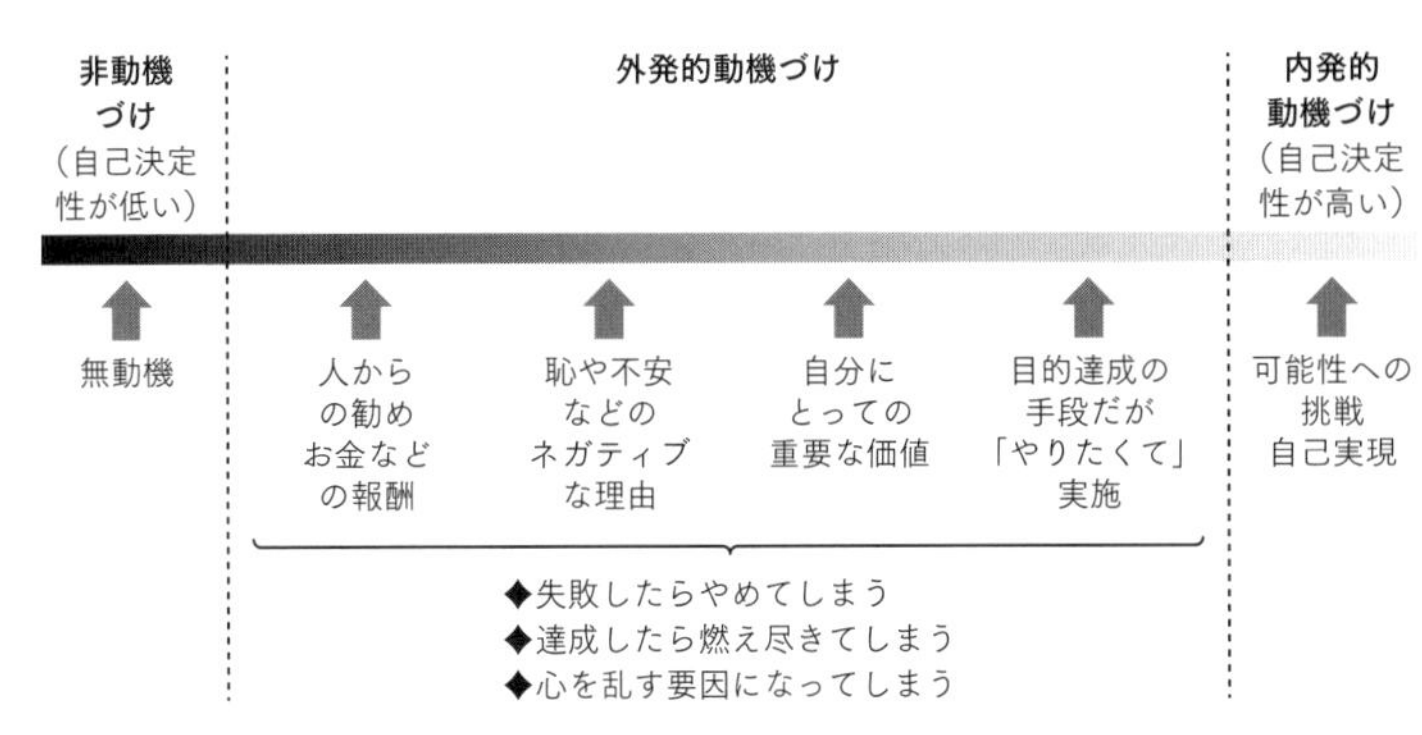

図1-3　動機づけの連続性（Deci & Ryan[18] を参考に著者が作図）

のように、恥や不安などの感情を減少させるために練習をしている場合、ネガティブな理由ではあるものの、自らが行動を起こし始めているとみなすことができます。

そして徐々に、ポジティブな理由によって動機づけられるようになっていきます。スポーツをすることが「将来、コーチとして活動するために重要だから」といったように、スポーツをすることに価値があると考える段階を経ていきます。外発的動機づけの中で非常に自己決定性が高まった段階になると、スポーツは目的達成の手段でありつつも、選手が自ら「やりたくて」スポーツに取り組んでいる状態になります。たとえば、「優勝するために最善を尽くしたい」「応援してくれている人たちに、勇気を与えるようなプレーをしたい」といった動機は、自己決定性がかなり高まっている段階と言えるでしょう。しかし、あくまでも目的（優勝するため、人々に勇気を与えるため）を得るための手段としてスポーツを行っていることに変わりはありません。したがって、目的の獲得に失敗すると、心理的な課題に直面したり、スポーツをやめたりすることにつながることもあります。

一方で、もっとも自己決定性の高い内発的動機づけでは、スポーツをすることそれ自体が目的となり、満足感や楽しみなどのような内的な要因によって動機づけられている状態になります。自己決定性の高い選手は、他者からの評価や結果に振り回されずに、適切な目標設定を行うことができます。このことからも、自分の可能性を拓くことや、限界に挑戦し続けることに動機づけられてスポーツに取り組むことは、とても大切なことだと思います。そして、自分が何によって動機づけられているのかを確認しておくことは、どのような要因によって心理面に揺らぎが生じるのかを知る手がかりになります。もし、他者評価や結果といった外的要因に囚われているのであれば、スポーツを行っている理由を今一度見つめ直し、内的な要因に目を向けることで、自分の心をコントロールする土台を築くことにつながると思います。

❸ 最適な心の状態とは？

大きな試合や大事な場面で緊張してあがってしまい、練習ではできていたプレーや普段の実力を発揮できないことがあります。極度に緊張して手足がガチガチになったり、頭の中が真っ白になってしまって、自分の最高のパフォーマンスを発揮できなくなるのです。そして、試合前などに緊張を感じると、それをなんとかしてなくそうとするものです。科学的な論拠はまったくありませんが、「手のひらに人という字を三回書いて飲み込む」という緊張をほぐすためのおまじないを、みなさんも一度はやったことがありませんか。

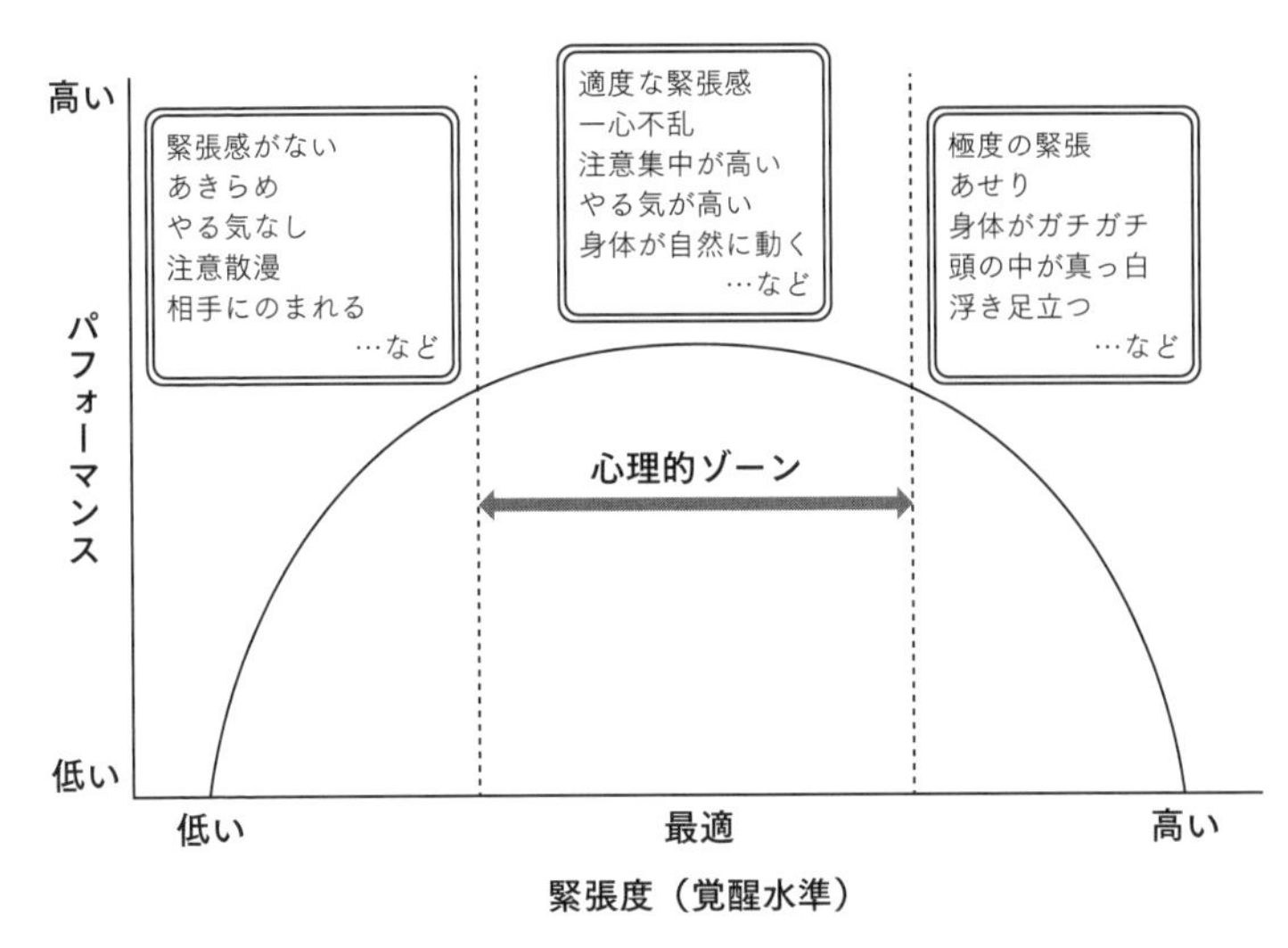

図1-4　選手のパフォーマンスと緊張度の関係（逆U字型理論）

では、緊張はないほうが良いのでしょうか。緊張がまったくない状態を想像してみてください。そのような状態は、やる気がでなかったり、注意散漫になってプレーに集中できなかったり、または相手の勢いにのまれてしまったりして、結局は良いパフォーマンスを発揮することができません。このことを理解するために、逆U字型理論について説明しておきましょう（図1-4）。

選手のパフォーマンスと緊張度の関係を表した逆U字型理論は、もともとはアメリカの心理学者のロバート・ヤーキーズとジョン・ディリンガム・ドットソンが一九〇八年に提唱した「ヤーキーズ・ドットソンの法則[19]」に端を発しています。彼らは、迷路に入れたネズミに電気ショック与え、その刺激の強さと学習活動の関連について実験を行いました。そして、電気ショックによって、ネズミは通常の状態よりも早く迷路の出口にたどり着くことができたけれども、電気ショックが強すぎると、逆に効率レベルが下がって、ただ逃げて走り回るようになることを発見しました。つまり、ネズミの覚醒水準を高める役割を果たす電気ショックによってパフォーマンスが向上する一方で、最適水準の一定量を超えてしまうと、パフォーマンスが低下する傾向にあることがわかったのです。これと同じことが、選手にも当てはまります。緊張度が高すぎても、逆に低すぎてもパフォーマンスは低下してしまうのです。そして、選手自身にとって最適な緊張の状態（心理的ゾーン）にある場合に、もっとも高いパフォーマンスを発揮できるのです。

なお、「どのくらいの緊張を保てば心理的ゾーンに入れますか」という質問を受けることがよくあるのですが、最適な緊張の度合いは個人差がありますし、またスポーツの種目によっても異なります。「静」のスポーツであるアーチェリーや弓道の選手の最適な緊張度と、闘志を掻き立てる必要のあるボクシングや格闘技などの選手にとっての最適な緊張度が異なることは、想像に難くないと思います。したがって、自分自身の過去の試合を振り返り、どのような状況下で緊張度が高く（低く）なり、その時の心身の状態やプレーはどうだったのか、試合で最高のパフォーマンスを発揮していた時の心身の状態はどうだったのかを把握しておくことが大切でしょう。そして、今後の試合において、緊張度が高すぎると気づいた場合には心身のリラクセーションによって緊張や不安を緩和し、逆に低すぎる場合には、気持ちを奮い立たせたるようなサイキング・

アップを行って高めることで、自分にとって最適な心の状態を作ることが大切なのです。

第2節 選手の「強み」を育む必要性

選手として、人間としての成長

ここまで、従来のスポーツ心理学で扱われてきた実力発揮のための心理的スキルトレーニングについて、簡単に概観してきました。心理的スキルトレーニングでは、試合で勝利することがその前提に置かれています。言うなれば、競技力向上や実力発揮を主眼とした「明るい日の当たる世界」を扱ったものであり、選手の抱える心理的な問題といった「暗い影の世界」はほとんど扱われずにきました[20]。

しかし、勝敗が切っても切り離せない競技スポーツにおいて、試合で思うようにパフォーマンスを発揮できなければ、選手は様々な悩みや苦しみ、葛藤を抱えることが往々にしてあります。過去に失敗した経験と同じ状況に遭遇した際に、失敗を繰り返すことへの不安や恐怖に直面することもあるでしょう。そして、「次の試合で勝つことができるのだろうか」という自分の競技力への疑念や、勝利に対する重圧感を抱くのです。自己の理想に遠く及ばない自分自身を、「なんて自分はダメなんだ」と否定し続ける選手もいます。また、チームメイトや対戦相手などの他者と、自分の能力や成績を比較することで劣等感が生じたり、監督・コーチおよびチームメイトとの対人関係や天候（雨、強風、暑さなど）のような環境によって心が乱されたりすることもあります。このような過去の経験やまだ見ぬ未来への囚われ、他者や環境による心の揺れが、選手の心の中に細波となって広がり、やがて試合でのパフォーマンス発揮や競技生活に支障をきたす障壁となるのです。

そのような中で、臨床心理学の知見や心理臨床学的アプローチを採用し、選手の心理的な問題や選手を取り巻く事象を扱う臨床スポーツ心理学が提唱されてきました。この臨床スポーツ心理学では、現在生じている出来事や現象の原因となっている過去の問題、思考や認知の歪みを引き起こすに至った過去の経験や対人関係などにアプローチすることが中心であるように思います。でも、クーベルタンが本来意味した「競技に挑む中で人間としても成長していくこと」に立ち返ってみれば、選手の強みとしての特性（character strength;「強みとしての徳性」「性格の強み」と訳されることもあります）を引きだし、アプローチの眼差しを未来に向けて、より良い競技生活をどのようにして送るのか、選手として（また人として）いかに生きていくのかといった問いに、応えていく必要があるのではないでしょうか。

過去や他者を変えることはできないし、望んだ未来を一〇〇パーセントの確率で引き寄せることなど誰にもできません。ですから、「変えられないものではなく、変えられるものにアプローチする」ことが大切です。それでは、変えられるものとは何でしょうか。それは、「今の自分」

だけです。過去や環境を変えることはできませんが、今現在の自分とそこから先に続く未来は、自分の意志で変えることができます。だからこそ、今の自分を主体として、悩みや苦しみ、葛藤と向き合う必要があります。それによって、望んだ未来に近づく確率をあげることができるのです。

強みとしての特性

人間の「強み」とは、人がより良いパフォーマンスを発揮したり、最善を尽くしたりすることを可能にする特性のことで[21]、21世紀の心理学として注目されているポジティブ心理学における主要概念の一つです。ポジティブ心理学を提唱したマーティン・セリグマンは、アメリカ心理学会の会長を務めていた一九九八年に、心理学は人間の弱みや困難だけを扱う学問ではなく、人間の強みや美徳を研究する学問でもあることを明示し、人間の内なる強みを育むことの重要性を説きました[22]。この人間の強みの中でも、思考や感情、行動に反映されるポジティブな特性が「強みとしての特性」と呼ばれるものです[23]。

心理学者のクリストファー・ピーターソンとセリグマンは、人間にとっての普遍的な強みを整理し、「知識と知恵」「勇気」「人間性」「正義」「節度」「超越性」の六つの核となる領域を選定しました[24]。そして、普遍的であること、充実感をもたらすこと、それ自体が道徳的に価値を持つこと、強みを発揮することで他人を傷つけないことなどのいくつかの基準を満たした24の強みを選

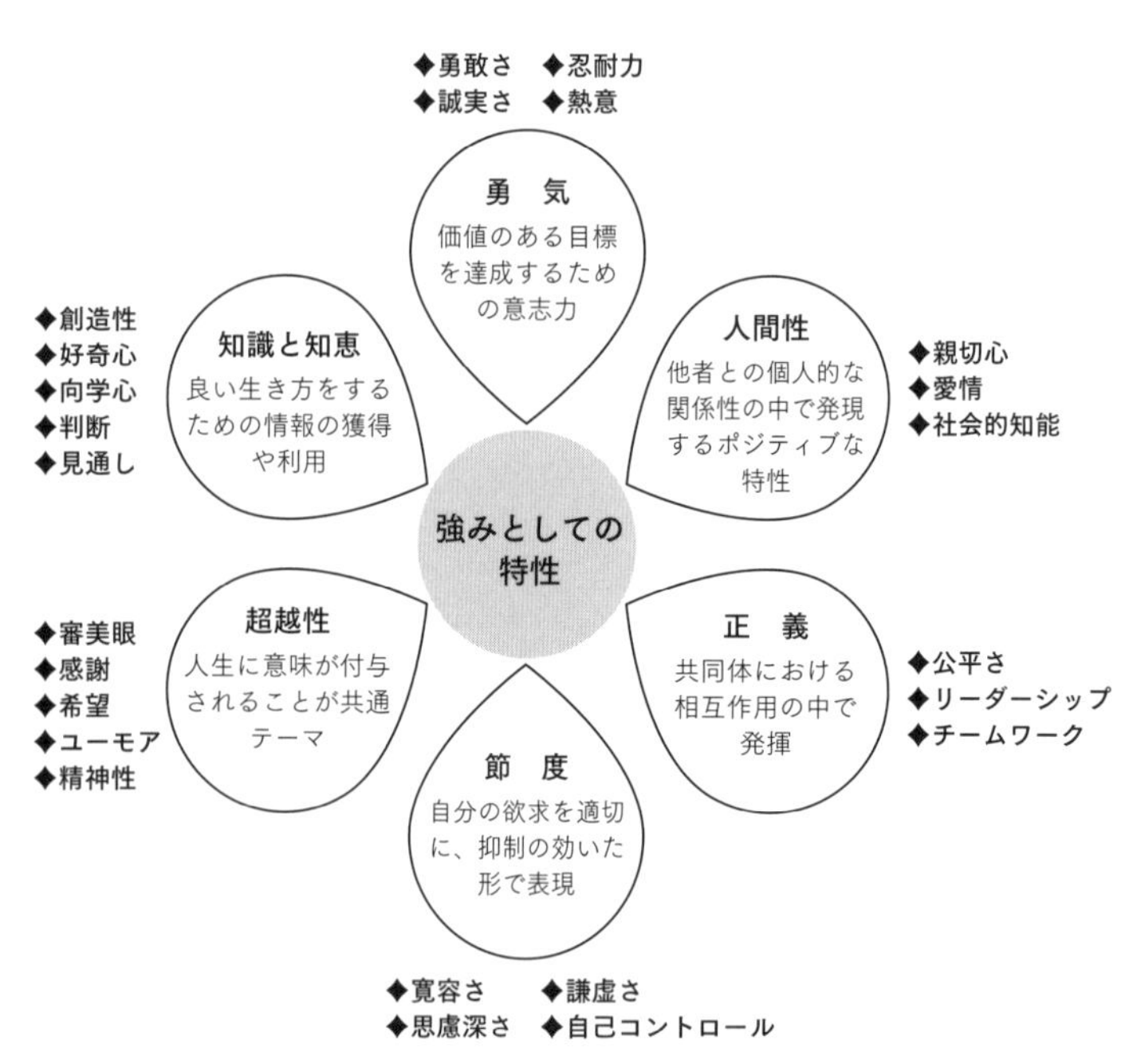

図1-5　強みとしての特性

別し、前述の六つの核となる領域に分類しました（図1-5）。それらの内容を、以下で概観していくこととします。

知識と知恵に関する強み

知識と知恵に関する強みとは、良い生き方をするための情報の獲得や利用に関するもので、①創造性、②好奇心、③向学心、④判断、⑤見通しの五つが含まれます。近年では、勝利至上主義やタテの関係に基づく詰め込み型の指導から脱却するために、選手の創造性や自主性、考え抜く力を育てることが重視されており[25]、知識と知恵に関する強みの育成は必要不可欠であると考えます。

①「創造性」とは、自分が望む目標を達成するために、新しい創造的なアイディアをだしたり、従来のやり方にはない他の方法を探求したりする際に発揮される強みのことです。競技スポーツであれば、パフォーマンスを改善したり、新しいスキルを身につけたりする時に、創意工夫を凝らすために必要な特性と言えるでしょう。

②「好奇心」とは、あらゆる物事に興味を持ち、新しい経験に対して積極的に関わる時に発揮される強みのことです。

③「向学心」は、すでに持っている知識の上に、新たな知識を積み重ねることを得意とする人が有する強みです。②で示した「好奇心」や③の「向学心」がなければ、積極的に自ら学び、新しい知識を吸収しようとせず、今までと同じ練習法や戦略などをずっと繰り返すだけになってしまいます。逆に、これらの強みとしての特性があれば、「この新しい練習を取り入れたら、こんなプレーができるようになるのではないか」「新しく練習したこのスキルを、早く試合で試してみたい」というワクワクした気持ちを持つことができるはずです。

④「判断」の強みは、物事を徹底的に考え、あらゆる角度から吟味する時に働きます。「判断」の強みを備えていなければ、何のためにトレーニングをするのか、どのようにトレーニングを行うのかといったことを自分で深く思考することをせず、指導者から言われたことに取り組むだけになってしまうかもしれません。

⑤「見通し」の強みを備えている人は、他者に対して適切なアドバイスを与えるために、他者にとっても自分にとっても筋の通るモノの見方を身につけていることが多いです。競技スポーツにおいては、指導者から選手へ、年上の選手から年下の選手へとアドバイスがなされることが多いと思います。とりわけ、指導者の言動や態度は、選手の技術獲得や練習の質に大きな影響を与えるので[26]、競技スポーツに指導的立場で関わっている方は、自分の「見通し」の強みを振り返っておくことが大切でしょう。

勇気に関する強み

勇気に関する強みとは、価値のある目標を達成するための意志力に関するものであり、①勇敢さ、②忍耐力、③誠実さ、④熱意の四つが含まれます。時に選手は、「他者から受け入れられるためには、大きな成功を収めなければならない」といった不合理な信念を抱くことがあります。このように信じていると、競技での成功だけが自分の価値を決めるものになってしまい、心理的な問題につながることがあります[27]。成功を手にして他者に受け入れられるためには、どのような勝ち方でも良いといった不適切な行動（たとえば、ドーピングや暴力など）を引き起こすこともあるかもしれません。また、常に大きなプレッシャーを自分にかけることになるため、競技に対するワクワクした気持ちが失われていき、競技からのドロップアウトやバーンアウト（燃え尽き症候群）などを引き起こすかもしれません。しかし、勇気に関する強みは、自分の信念や行動に関連するものであり、選手として、また一人の人間として生きていく上で、重要なものだと言えるでしょう。

①「勇敢さ」とは、困難や試練に直面した際に発揮される強みであり、それらに怯むことなく、自分の信念に従って行動する力を引きだします。

②「忍耐力」の強みを有している人は、たとえ困難な課題であっても、一度始めたことを最後までやり遂げる力を発揮します。みなさんはこれまでに、辛い思いをしたり、失敗をしたり、自分の思いどおりに物事が進まなかった経験はどのくらいあるでしょうか。勝敗が常に問われる競技スポーツにおいて、最終的に栄光を手に収めるのはたった一人だけです。勝つ選手よりも、負ける選手のほうが圧倒的に多いのが現実です。そのような困難や試練は、競技スポーツに身を投じる限り、何度でも眼前に立ちはだかるでしょう。その時に、①にある「勇敢さ」や②の「忍耐力」の強みを持っている選手は、自分の可能性に限界を設定することなく進んでいくことができるはずです。

③「誠実さ」は、自分を飾ったり偽ったりすることなく表現し、自分の気持ちや行動に責任を持つ人に見られる強みです。

④「熱意」は、人生にワクワクしながら、エネルギーを伴って生きることを可能にする強みです。なお、これらの勇気に関する強みは、すでに述べた内発的動機づけとも関連する要素だと考えます。

人間性に関する強み

人間性に関する強みとは、他者との個人的な関係性の中で発現するポジティブな特性のことであり、①親切心、②愛情、③社会的知能の三つが分類されています。競技スポーツでは、指導者やチームメイト、対戦相手、審判、観客、および支えてくれている家族やスポンサーなど、たくさんの人々との対人関係が存在しており、集団種目・個人種目を問わず、コミュニケーションに関する能力は重要です。コミュニケーション能力とは、送り手としてメッセージを発信・伝達する能力と、受け手としてメッセージを受信する能力の総称であり、簡単に言えば、自分の思いや考えを表現する力と、相手の思いや考えを理解する力のことです[28]。他者との関係性の中で発現する特性である人間性に関する強みを備えることで、これらのコミュニケーションが円滑になることが予想されます

①「親切心」は、他者のために尽くしたり、助けたりする場面で発揮される強みのことです。

②「愛情」の強みを持っている人は、他者との関係性を大切にして双方向に思いやることが得意です。

③「社会的知能」の強みを備えている人は、他者や自分の心の動きを察することができます。

なお、この人間性に関する強みは、自分と他者との互恵的な関係を前提とすることが大切でしょう。つまり、他者への配慮ばかりをするのではなく、逆に自己主張ばかりをするのでもなく、

その両方を大切にすることが重要だということです。たとえば、相手がどう思うかを考えすぎてしまい、自分の気持ちを抑え込んでしまう受身的な選手は、チーム内の揉めごとを避け、その場を収めることは得意な反面、自分の気持ちを抑え込んでしまうためにストレスを感じたり、自己否定的になったりしがちです。逆に、自分の考えを押し通そうとしたり、権利を主張したりする選手は、強烈なリーダーシップを発揮する一方で、他者との相互尊敬ができないために、対人関係が長続きしないといった問題に直面することがあります。あくまでも、自分と他者の両方を理解・尊重して大事にすることが大切なのです[29]。

正義に関する強み

正義に関する強みとは、共同体における相互作用の中で発揮される特性であり、①公平さ、②リーダーシップ、③チームワークの三つが包含されています。人間性に関する強みは、他者との個人的な関係性に関するものでしたが、この正義に関する強みは、個人とチーム間、もしくはチームという共同体の関係性を考える上で重要になります。

①「公平さ」とは、個人的な感情や私情に左右されて判断を曇らせることなく、すべての人に対して平等に対応するために必要な強みです。多くの場合、人はそれぞれの興味・関心であったり、過去の経験により形成された先入観や価値観に基づいて物事を判断しがちです。とりわけ競技スポーツでは、「強い者が偉い」という風潮があり、結果を残した人の意見が（たとえそれ

が理不尽であったとしても）通りやすいというのが常です[5]。そのような旧態依然とした体質が、スポーツにおける暴力や体罰などの負の連鎖の一端を担っていることも踏まえると、「公平さ」の強みを持つことは非常に大切だと考えます。

②「リーダーシップ」の強みを備えている人は、グループ活動を計画したり、その実現に向けてグループを励ますことが得意です。

③グループの一員として全力で働き、自分の役割を担う場面で必要な強みが「チームワーク」です。従来、チームを機能させる上で、②にある「リーダーシップ」のような強みが重要な概念として扱われてきましたが、リーダーだけでなく、集団を構成するメンバーが与えられた役割を効果的に遂行し協働することが、競技スポーツの集団におけるチームワークの前提条件でもあります[30]。競技スポーツにおいては、リーダーシップの型やメンバーのやる気などが目標の達成度に大きく影響するとされており[30]、②で示した「リーダーシップ」だけでなく、③の「チームワーク」の強みも重要であることがわかります。

節度に関する強み

節度に関する強みとは、自分の欲求を適切に、抑制の効いた形で表現する際に有用な特性であり、①寛容さ、②謙虚さ、③思慮深さ、④自己コントロールの四つが含まれています。

①「寛容さ」の強みを備えている人は、他者の間違いを赦し、第二のチャンスを与えることがで

きます。言い換えれば、失敗や間違いを否定的に捉えないということです。この「寛容さ」は、他者だけでなく、試合の敗北や失敗に対する自分自身の受け止め方をも変える強みではないでしょうか。つまり、試合に負けたり、大事なプレーを失敗した場合に、単なる敗北や失敗という結果ではなく、どのように挑戦したのか、いかにして戦ったのか、敗北や失敗から学んだことを次にどう活かすのかといった思考を促す素地になると考えます。

②「謙虚さ」は、自分の実績を自慢したり、目立ったりすることを好まない人が有している特性のことです。

③「思慮深さ」は、長期的な視点から未来を見据え、用心深く準備することを得意とする人に見られる強みです。

④「自己コントロール」は、自分の感情や行為をコントロールする必要のある場面で発揮される強みです。

バスケットボールのアメリカ代表ヘッドコーチであったマイク・シャシェフスキーは、二〇〇八年の北京、一二年のロンドン、そして一六年のリオデジャネイロで、アメリカ代表をオリンピック三連覇に導きました。しかし、その少し前の一九九〇年代後半、圧倒的な力を誇っていたアメリカ代表が徐々に傲慢になっていたことと、各国が育成に力を入れたことで、アメリカと他国との力の差は拮抗するようになっていました。この時に彼が考えたことは、傲慢な信念を捨て去り、謙虚になって自分たちのこれまでの取り組みを振り返り、そして現状を冷静に分析して行動する必要性だったのです[31]。このシャシェフスキーの話は、②から④に示した「謙虚さ」「思慮深さ」および「自己コントロール」を備えた一例と言えるのではないでしょうか。

超越性に関する強み

最後に、超越性に関する強みを見ていきます。この領域には、①審美眼、②感謝、③希望、④ユーモア、⑤精神性といった五つの強みが含まれています。一見すると、超越性に関する強みは様々な強みの寄せ集めのように見えますが、それぞれの強みを通して各自がより大きな宇宙とのつながりを構築することで、人生に意味が付与されることが共通テーマになっています[32]。「宇宙とのつながりを構築」と聞くと、壮大すぎて競技スポーツとの関係性がわからないようにも思えますが、強みとしての特性は本質的に個人の外、つまり社会に向けられたものです。したがって、あまり難しく受け止めずに、ここでは社会とのつながりを構築することで人生に意味が付与されるという程度に、理解しておくと良いのではないでしょうか。それでは、順番に見ていくことにします。

①「審美眼」の強みを持っている人は、自然や芸術だけでなく、日常の経験も含め、人生のあらゆる領域に美や卓越性を認めることができます。競技スポーツにおける「審美眼」は、「他の選手のプレーの素晴らしさを目の当たりにして感動した」「この前の大会で、鮮やかなプレーを決めた」といったものであり、人と卓越性を直接的に結びつける強みです。第2章以降で詳

しく述べますが、人間は優越性を追求する生き物であり、「今より良くなろう」と考えることで努力するエネルギーが生まれます。「審美眼」は、このエネルギーを生みだす種を与えてくれるものと言えるかもしれません。

②「感謝」の強みを備えている人は、あらゆるものに対して感謝の心を持ち、それを表現するための時間を作っています。人は、感謝の気持ちを感じることで、自分の人生のポジティブな出来事に伴う好ましい記憶から恩恵を受けたり、感謝の気持ちを他者に表明することで、その相手との結びつきが強くなったりするとされています[33]。

みなさんも、金メダルを獲得した選手や大記録を打ち立てた選手が、指導者や恩師、家族、友人、その他の支えてくれている人たちに、感謝の言葉を述べるインタビューを目にしたことがあると思います。しかし、日常ではどうでしょうか。優勝や大記録達成のような特別な出来事の時にだけ、感謝を表明すれば良いのでしょうか。感謝の心を持っているとしても、それを普段から表現している選手は、一体どのくらいいるでしょうか。

ここで一つ、興味深い実験を紹介したいと思います。セリグマンは、とても親切にしてもらったにもかかわらず、一度も感謝を伝えたことのない相手に対して感謝の手紙を書き、その相手を訪問して手紙を読み上げるという実験を行いました[33]。これは、「感謝の訪問（Gratitude Visit）」と呼ばれるエクササイズで、実験に参加した人の幸せに関する得点が大幅に増加しただけでなく、一ヶ月後には落ち込むことも少なくなったのです。「感謝」の強みを育むことは、日頃から他者へ感謝を表明する力、そしてひいては、自分の心をコントロールすることにつながると言えるでしょう。

③「希望」は、良い未来を思い描き、それを達成するために努力する人に備わっている強みです。

④「ユーモア」の強みは、他者を笑顔にしたり、物事の明るい面に目を向けたりする場面で発揮されます。③の「希望」は、夢に描く未来に人を直接的に結びつける強みであり、一方で④の「ユーモア」は、喜びを生みだす強みと考えられており、[32] いずれも自分や他者の人生を、より良いものにするために有用な強みと言えるでしょう。

⑤「精神性」に関する強みは、自分の存在を大きな宇宙（社会や共同体）の中に位置づけた上で、人生の意味や意義を見いだし、それに従った行動を生起させるものです。競技スポーツにおいて、勝利や栄光を追求する勝利至上主義に基づく生き方だけでは、勝利の先に何を求めるのかという問いに答えられないことは前述したとおりです。しかし、自分と他者の幸福に貢献し、ひいてはそれが自分の人生の意味にもつながる「精神性」の強みを育むことは、選手として、またその人自身としての成長に、大きな役割を果たすと考えます。

ここまで見てきたとおり、人間には様々な強みとしての特性があります。もちろん、すべての強みを備えている完璧な人などいません。大切なことは、自分が選手として、また人間としてどのように成長したいかを考え、それに必要な強みを磨き上げていくことです。試合で勝つために心理面を強くすることだけが重要なのではなく、自分の強みとしての特性を養い、それによってどのように建設的に生きていくのかが大切であると考えます。

では、これらのことを、どのようにして実践に移していけば良いのでしょうか。そこで有用なのが、アドラー心理学なのです。みなさんが、アドラー心理学における理論的枠組みや勇気づけの方法を学ぶことで、強みとしての特性を磨き、より良い人生を歩むことができたなら、著者として望外の喜びです。

●文献リスト

（1）早川 武彦（２００２）．オリンピックの象徴・概念：より早く、より高く、より強く―Citius, Altius, Fortius　研究年報（一橋大学スポーツ科学研究室）、21–29. https://doi.org/10.15057/7506

（2）中江 桂子（２０１３）．身体と学び：近代の陥穽とは何か―身体文化の歴史社会学―　スポーツ社会学研究、*21*（*2*）、15–30. https://doi.org/10.5987/jjsss.21.2_15

（3）徳永 幹雄（２０１６）．動きを直せば心は変わる―メンタルトレーニングの新しいアプローチ 大修館書店

（4）岡部 祐介・友添 秀則・春日 芳美（２０１２）．１９６０年代における「根性」の変容に関する一考察―東京オリンピックが果たした役割に着目して 体育学研究、*57*（*1*）、129–142. https://doi.org/10.5432/jjpehss.11015

（5）山口 香（２０１８）．日大アメフト部問題：「巨人の星」から「キャプテン翼」へ 月刊Hanada ２０１８年８月号、282–289.

（6）岡部 祐介（２０１８）．スポーツにおける勝利追求の問題性に関する一考察―〈勝利至上主義〉の生成とその社会的意味に着目して　関東学院大学『自然・人間・社会』、*65*、15–37.

（7）Brown, D. & Fletcher, D. (2017). Effects of psychological and psychosocial interventions on sport performance: A meta-analysis. *Sports Medicine*, *47*, 77–99. https://doi.org/10.1007/s40279-016-0552-7

（8）徳永 幹雄（２００５）．競技者に必要な心理的スキルとは 徳永 幹雄（編）教養としてのスポーツ心理学（pp. 10–17）

大修館書店
（9）McNair, D. K., Lorr, M., & Droppleman, L. F.（1971）. *Profile of mood states manual*. San Diego, CA: Educational and Industrial Testing Service.
（10）Heuchert, J.P. and McNair, D.M.（2012）. *Profile of mood states, 2nd edition: POMS 2*. North Tonawanda, NY: Multi-Health Systems Inc.
（11）徳永 幹雄・橋本 公雄（２０００）．心理的競技能力診断検査用紙（DIPCA. 3. 中学生—成人用）トーヨーフィジカル発行
（12）徳永 幹雄・吉田 英治・重枝 武司・東 健二・稲富 勉・齋藤 孝（２０００）．スポーツ選手の心理的競技能力にみられる性差、競技レベル差、種目差　健康科学、*22*、109–120.
（13）内田 若希・橋本 公雄・竹中 晃二・荒井 弘和・岡 浩一朗（２００３）．男子車いすスポーツ競技選手の心理的競技能力に関わる要因　障害者スポーツ科学、*1*、49–56.
（14）杉山 佳生（２０１６）．心理的スキルトレーニング 九州大学健康・スポーツ科学研究会（編）実習で学ぶ健康・運動スポーツの科学（pp. 116–117）大修館書店
（15）Locke, E. A.（1968）. Toward a theory of task motivation and incentives. *Organizational Behavior and Human Performance*, *3*（*2*）, 167-189. Doi: 10.1016/0030-5073（68）90004-4
（16）松本 裕史（２０１８）．内発的動機づけと外発的動機づけ 荒木 雅信（編著）これから学ぶスポーツ心理学改訂版（pp. 37–43）大修館書店
（17）杉原 隆（２００８）．新版 運動指導の心理学—運動学習とモチベーションからの接近 大修館書店
（18）Deci, E. L., & Ryan, R. M.（1985）. *Intrinsic motivation and self-determination in human behavior*. New York, NY: Plenum Press.
（19）Yerkes, D. M. & Dodson, J. D.（1908）. The relation of strength of stimulus to rapidity of habit-formation. *Journal of Comparative Neurology & Psychology*, *18*（*5*）, 459–482. https://doi.org/10.1002/cne.920180503
（20）中込 四郎・鈴木 壯（２０１７）．アスリートのこころの悩みと支援—スポーツカウンセリングの実際 誠信書房

(21) Wood, M. A, Linley, A. P., Maltby, J., Kashdan, B. T., & Hurling, R. (2011). Using personal and psychological strengths leads to increases in well-being over time: A longitudinal study and the development of the strengths use questionnaire. *Personality and Individual Differences, 50* (*1*), 15–19. https://doi.org/10.1016/j.paid.2010.08.004
(22) Seligman, M. E. P. (1998). Buliding human strength: Psychology's forgotten mission. *APA Monitor, January*, p. 2.
(23) Park, N., Peterson, C., & Seligman, M. E. P. (2004). Strengths of character and well- being. *Journal of Social and Clinical Psychology, 23*, 603–619.
(24) Peterson, C. & Seligman, M. E. P. (2004). *Character Strengths and Virtues: A Handbook and Classification*. Oxford: Oxford University Press.
(25) 大嶽 真人（2017）．私の考える育成年代への指導―選手を未来へ導くために　コーチング学研究、*30*（増刊号）、17-24.
(26) 島崎 崇史・吉川 政夫（2012）．コーチのノンバーバルコミュニケーションにおける研究：コミュニケーション能力およびコーチング評価との関連性 体育学研究、*57*（*2*）、427–447. https://doi.org/10.5432/jjpehss.11050
(27) 種ヶ嶋 尚志・花沢 成一（2005）．スポーツ選手のネガティブな信念と競技不安およびバーンアウトとの関係について 応用心理学研究、*31*（*2*）、123–133.
(28) 内田 若希（2016）．コミュニケーション能力の評価 日本スポーツ心理学会（編）スポーツメンタルトレーニング教本三訂版（pp. 66–70）大修館書店
(29) 平木 典子（2009）．改訂版アサーション・トレーニング―さわやかな〈自己表現〉のために― 金子書房
(30) 徳永 幹雄・今村 律子・織田 憲嗣・土屋 裕睦（2005）．チームづくりに必要な心理的要因は何か 徳永 幹雄（編）教養としてのスポーツ心理学（pp. 60–70）大修館書店
(31) 佐良土 茂樹（2017）．オリンピックにおけるM．シャシェフスキーのコーチング哲学について オリンピックスポーツ文化研究、*2*、1–19.

（32）Peterson, C.（2006）. *A primer in positive psychology*. Oxford: Oxford University Press.
（ピーターソン、C. 宇野カオリ（翻訳）（２０１２）. ポジティブ心理学入門――「よい生き方」を科学的に考える方法 春秋社）

（33）Seligman, M. E. P.（2012）. *Flourish: A visionary new understanding of happiness and well-being*. New York (NY)：Free Press.
（セリグマン、M. E. P. 宇野カオリ（翻訳）（２０１４）. ポジティブ心理学の挑戦――"幸福"から"持続的幸福"へ ディスカヴァー・トゥエンティワン）

第2章

アドラー心理学の理論的枠組み

第1節 アドラー心理学とは？

アドラー心理学は、オーストリア出身の医師であるアルフレッド・アドラーによって、20世紀初頭に創始されました。アドラーは、精神分析を築いたジークムント・フロイトや、分析心理学を創始したカール・グスタフ・ユングと並ぶ心理学の大家です。フロイト、ユング、およびアドラーは「心理学の三大巨匠」と呼ばれており、初期の臨床心理学の礎を築いただけでなく、その後の多くの心理学者に影響を与えてきました。

アドラー心理学を一言でまとめるならば、「人間理解と援助のための心理学」[1]です。アドラー心理学は、自分自身の思考や行動のパターン、他者との関係性などを理解し、人生を建設的に生きていくためのユニークな枠組みを提供してくれます。そこには、選手や指導者が充実した競技生活を送るために役立つヒントが、たくさん含まれています。

また、アドラー心理学は、「人間が幸せに生きるためには、どうしたら良いのか」という問いに対する答えを提示してくれます。この十年間で、人生の意味や幸福を扱う心理学の研究が増加してきたと言われていますが[2]、アドラーは今より百年近く前に人生の意味や幸福について扱い、多くの著書を残しています。そこから導きだされた答えとは、①自分の能力を発揮できること、②それが他者のためになっていることの二つにまとめられます[3]。従来のスポーツ心理学でも、選手が自分の能力を発揮するための心理的スキルトレーニングが扱われてきましたが、単なる勝敗という結果を超えた他者貢献の視点は、見落とされてきたのではないでしょうか。

競技スポーツにおいては、長きにわたり勝利至上主義が称賛され、試合に勝つことが最大の目標とされてきました。しかし、選手の人生は、競技人生が終わった後も続いていきます。そしてまた、競技生活の間にあっても、「選手」であること以前に「その人自身」としての人生の意味や幸福を問い続けることは、大切ではないでしょうか。試合に勝つことやメダルを獲得することが、選手の人生における幸せのすべてではないのです。もちろん、試合での勝利やメダルが、選手にとってどれほど重く意味のあるものかは理解しています。そうであっても、自分が掲げた競技目標の達成に向けて能力を最大限に発揮し、さらにそのことが、他者にどのように貢献しているのかについて考えることで、競技人生や個人の人生の彩りがより豊かになると考えます。

ここで少し時間を取って、前述した幸せに生きることにつながる二つの条件に当てはまる選手を思い浮かべてみてください。みなさんの身近な選手でも良いし、プロの選手でもかまいません。たとえば、一九九五年にメジャーリーグデビューを果たした野茂英雄投手は、日本人メジャーリーガーのパイオニア的存在です。彼は、日本人が活躍するとは想像もされていなかった時代にメジャーリーグへ挑戦し、アメリカ全土で野茂フィーバーを巻き起こしました。その姿は、後に続く選手たちの偉大な道標になっただけでなく、多くの人々に挑戦する勇気を与えたのではないでしょうか。また、大きな自然災害が多発している今日の日本において、なでしこジャパンやラグビー日本代表の活躍に対して、「自分の可能性を信じ、勝利を諦めない姿から、勇気をもらった」

といった言葉も、よく耳にするのではないでしょうか。これらは、自分の能力を発揮し、そしてそれが他者に何らかのポジティブな影響を及ぼしている選手の良い例だと思います。

アドラー心理学には、競技スポーツに関わるすべての人々にとって、有益なエッセンスが詰まっています。それでは早速、アドラー心理学の基本的な考え方である「目的論」「個人の主体性（主体論）」「対人関係論」「全体論」および「認知論」の五つについて、順番にみていきましょう。

第2節 目的論

原因論と目的論

アドラー心理学では、「人間の行動にはすべて目的がある」という目的論の立場をとります。この目的論について説明する前に、対極にある原因論に触れておきます。フロイトによって提唱された原因論では、人間の現在の行動や事象は、過去の経験や出来事により決まると考えます。つまり、過去に何らかの原因があり、その結果として現在の状況が引き起こされているという立場です。原因論で考えると、「なぜ、～なのか？」「～になってしまう原因は何か？」と問い、原因と結果を結びつけていきます。たとえば、「子どもの頃に家族関係がうまくいっていなかったから、今の私は他の人とコミュニケーションをうまく取れない」とか、「過去にとても辛い経験があったから、今、そのトラウマに苦しんでいる」といった解釈を行っていくのです。

原因論の考え方に従うと、選手が現在抱えている悩みの原因を探しだし、その原因となっている問題へのアプローチを考えることになります。ここでは、「試合前になると緊張してしまう」「(男性の) 監督に怒られてばかりで、うまく自分の考えを説明できない」という悩みを例にして考えてみましょう。原因論の立場で考えると、これらの悩みの原因を過去に求めていきます。そうすると、「過去の同じような試合で、大きなミスをして恥をかいた経験があるから、同じ状況になると緊張するのだ」とか、「幼い頃に父親に怒られてばかりいて、その父親の影を監督に投影してしまうから、恐怖心が湧いて何も話せなくなるのだ」といったように、過去の経験や対人関係、家庭環境などによって、現在の心理的な困難が生みだされていると捉えるわけです。

たしかに、現在に至るまでの過去の経験が、今の自分の思考や行動に影響を及ぼすことはあり得ます。しかし、それらが偶然に、かつ複雑に絡まりながら今の自分の思考や行動を作ってきたのであり、直接的な原因を一つに特定することは不可能ではないでしょうか。また、「過去の試合での大きなミス」や「恥をかいた経験」にしても、「怖かった父親」にしても、たとえそれが直接的な原因だったとしても、現在の自分が変えることはできません。それは過ぎ去った時間の中の事象であり、タイムマシンに乗って過去に戻り、やり直すことなどできないのです。

そこでアドラーは、人間の現在の行動や事象が過去の経験や出来事によって決定されるのではなく、未来への期待や不安によって規定されるという目的論の立場を取りました。目的論では、人間には追求している目的があり、それを果たすために現在の行動を選択するという考えを前提に、「何のために、その行動をとっているのか」を問うことが基本的な姿勢になります。また、アドラーは、「いかなる経験も、それ自体では成功の原因でも失敗の原因でもない。われわれは自分の経験によるショック―いわゆるトラウマ―に苦しむのではなく、経験の中から目的に適うものを見つけだす（人生の意味の心理学（上）[4]、p.21）」とも述べています。つまり、「過去の試合での大きなミス」「恥をかいた経験」や「怖かった父親」というトラウマ的な経験によって人生が決まるわけではなく、それらの経験に対して自分の目的に合った意味を与えているのです。

このように、目的論に立つと、「何のために、試合前になると緊張するのか」「何のために、うまく自分の考えを説明しないのか」と考えていきます。そうすると、その答えは「次の試合で失敗して恥をかくかもしれない。その時に『実は緊張しちゃって…』と言い訳をする材料にするために、緊張する」のかもしれないし、「考えを整理して伝えることが苦手な自分を隠すために、怒りっぽい監督を理由にして、説明しないで良い状況を作りだしている」のかもしれないと解釈できます。このように考えることができれば、今の自分が取り組む必要のある事柄が見えてきます。前者であれば「次の試合での成功率を上げるためにはどんな練習が必要かを考え、試合当日まで一生懸命に練習し、自信をつけること」が必要でしょうし、後者であれば「考えを整理して伝えるロジカルシンキングを身につけて、コミュニケーション能力の改善に向けて努力すること」が必要だとわかってきます。そして、ほんのわずかであっても今現在において努力をすれば、少なくとも未来はより良いものに変わっていくはずです。今の自分は、過去の自分によって形成されたのではなく、未来の自分のために生きているのです[5]。

また、目的論から捉えると、感情と行動の関係も逆転します。通常、私たちは感情が先にあって、それに伴って行動が生じると考えます。たとえば、「怒りの感情があるから怒鳴る」「悲しみの感情があるから涙を流す」「幸せの感情があるから鼻歌を歌う」のように、感情が原因で、行動がその結果だと考えるのです。しかし、アドラー心理学では、目的を果たすための手段として感情を用いると考えます（このことは、第3章で詳しく取り上げます）。選手やチームメイトなどに怒っている人は、相手をコントロールしたい、自分の意見を通したいという目的のために怒鳴っているのかもしれません。また、涙を流して悲しみを表現すれば、他者の注意を惹き、優しくしてもらうという目的を満たすことができるかもしれません。それらの行為の結果として、怒りや悲しみの感情が増幅していくこともあるでしょう。感情と行動の因果関係には諸説あるものの、心理学者のウィリアム・ジェームズは、「人は悲しいから泣くのではない、泣くから悲しいのである」という主張を提唱しています[6]。ジェームズは、「心理学の父」と称される著名な心理学者です。このジェームズの主張は、アドラーの考え方と相通じるのではないでしょうか。

このような目的論に基づいたアドラー心理学の考え方は、一般の常識とは真逆であり、いささか困惑されるかもしれません。しかし、ご自身の経験を振り返ってみてください。試合で負けたり、逆転を許してしまったりして、思わず下を向いて俯き、肩を落とした時に、監督から「下を向くな！顔を上げて、背筋をのばせ！」と声をかけられたことがありませんか。これは、自分に自信があるから顔を上げるわけではなく、自分を鼓舞したり、相手に弱気を悟らせないといった目的を果たすために、自信のある状態を使っているということなのです。

行動の原動力としての劣等感

人は誰でも、「こうありたい」「こうあるべき」といった理想の自己像を思い描いています。それは、個性や能力を発揮している「理想の自分」であったり、憧れのモデルのような「理想の体型」であったり、もしくは自分の思い描いたとおりの「理想の人生」であったり、様々な形で表現されます。そして、その「能力を発揮している理想の自分」や「理想の体型や人生を手に入れた自分」になろうとして、仕事や勉強に打ち込んで成績を向上させたり、涙ぐましい努力を重ねてダイエットをしたりしますが、どこまでいっても上には上がいるものです。

競技スポーツにおいても、勝利を得るために必死に練習をしても、どうやっても勝てない選手が眼前に立ちはだかることがあります。そして、その恵まれた身体能力や充実した練習環境、運さえも味方につける天賦の才を持った選手と自分を比べて、劣等感を抱くこともあるのではないでしょうか。一般的に理解されている劣等感とは、自分が他者と比べて劣っていると感じられる感情のことです[7]。人間は、才能や富、身体的な外見など、様々な事柄に関して自分と他者とを比較してしまいがちです。そして、自分と他者を比較する時、自分が持っていないと感じる他者の特性に対して、劣等感を抱くのです。

このように、劣等感と聞くとネガティブなイメージがあると思いますが、アドラー心理学では、劣等感を「人間が行動するための原動力」と捉えます。前述したとおり、一般的に、劣等感とは他者との比較によって生じるネガティブな感情と考えられがちなのですが、アドラー心理学で取り扱う劣等感は、かくありたいと望んでいる「理想自己」と、実際の今の自分に対する認識である「現実自己」を比較した際に生じる感情を意味します。理想自己とは、アドラーから影響を受けた一人であるカール・ロジャーズが提示した「個人が非常にそうありたいと望んでおり、もっとも高い価値を置いている自己概念」のことであり、自己実現への期待や積極的な態度が含まれるものです[7]。人はこの理想の自分を目指して努力を重ね、困難を乗り越えて成長していくわけですが、このことをアドラー心理学では「優越性の追求」と呼んでいます。人はみな、今より良くなることを希求して生きています。わずかでも進歩したり、実現したい目標に少しでも近づいたりしようと思って生きているのです。しかし、優越性を追求して努力しても、すぐに理想の自分になれるわけではありませんし、理想とする自分は常に高く設定されやすいものです。そうすると、多かれ少なかれ、人は理想の自分と現実の自分とのギャップによって劣等感を抱いているものですし、そのギャップを少しでも埋めようとして努力していくのです。このことについて、アドラーは、「すべての人は劣等感を持っている。しかし、劣等感は病気ではない。むしろ、健康で正常な努力と成長への刺激である（個人心理学講義―生きることの科学[8]、p.45）」と述べています。

つまり、劣等感は悪いものではなく、人が成長してくための原動力になるのです。

劣等感は、どんなに優れた選手であろうとも、誰もが有している普通の感情です。何の欠点もない完璧な人間など存在しません。理想の自分を追求する限り、人はいつも不完全な状態なのです。言い換えるならば、いつでも人は、理想とする「完全な自分」へ向かって少しずつ歩いている道のりの途上にいるのです。その途上にいる「不完全な自分」を受け入れること、これをアドラー心理学では「不完全である勇気」と呼んでいます。そして、何らかの努力をすれば、明日は今日より少しだけ良くなった状態になります。一日一歩進めば、一年後には三六五歩も前進しているのです。競技スポーツであれば、自分が掲げた目標を達成するために、今日、何らかのトレーニングに励んだのであれば、たとえその効果がはっきりと目に見えなかったとしても、明日は今日よりも目標に近づいているのです。人間は不完全であるからこそ努力を重ねることができるし、その道のりを楽しむことができるのです。日々の小さな一歩を、どうぞ大切にしてください。

さて、第1章で、満足感や楽しみ、自己の可能性の追求などのような内的な要因によってスポーツを行う内発的動機づけについて説明をしました。この内発的動機づけのように、自己成長や自己の可能性を求めることで、他者との比較や競争から脱することができると言われています[9]。そして、他者との比較に重きを置かずに、理想自己に向かって成長をしようと努力する自分に目を向けることで、現実の自分を認めて可能性を信じ、高めていくというポジティブな劣等感を生みだすことにつながるのです[10]。この意味においても、自分が何によって動機づけられているのかを確認しておくことの重要性が、理解できると思います。

劣等性の補償

劣等感に関連した言葉に、「劣等性」というものがあります。劣等性とは、運動能力や知的能力、情動的能力などの面で、客観的に見て自分が劣っていることを意味します[3]。たしかに、身長の高低のような身体的特徴や走力などの運動能力、学校の試験で好成績を収める力などにおいて、客観的に見て人より劣っていることは多々あります。学校では身長順に並ぶことがあったり、体育の授業で50メートル走のタイムを計って速い人がリレーの選手に選ばれたり、テストの成績によって順位がついたりと、客観的な相対評価を行う状況を何度も経験します。とりわけ、スポーツ場面では、飛距離や時間、得点などの客観的な数字によって、常に相対評価が下されます。他者との比較の中で優劣がつきますので、他者よりも劣っていると判断されれば、そのスポーツに対する劣等感や、他者に対する劣等感を抱くこともあるでしょう。

しかし、この場合であっても、理想の自分に近づこうと考える人は、努力して練習を積み重ね、自分のパフォーマンス能力の向上に励もうとします。たとえば、競技スポーツにおいて身長が低いことは不利と考えられがちですが、サッカーの元アルゼンチン代表で、20世紀のサッカーの歴史にその名を刻んだディエゴ・マラドーナ選手は、一六〇センチメートル半ばの小柄な体型でした。にもかかわらず、ディフェンダーを一瞬で置き去りにする加速力、当たりに負けない強靭なフィジカル、そして天才的なドリブルを見せて、今もなお世界最高の選手の一人に数えられています。彼が身長での劣等性を補うための努力をしたことは、間違いないでしょう。このように、自分の劣等性に対して抱える劣等感を穴埋めするために努力することを「補償」と呼びます[5]。

補償には、劣等性を有する領域ではなく、別の領域で頑張ろうとする場合も含まれます。一般的な例ですと、身体的特徴や運動能力で劣っていると感じる子どもが、スポーツ以外の勉強で頑張ることなどが挙げられます。競技スポーツの場合は、他の競技へ転向することも、補償の例の一つでしょう。たとえば、「ジャンボ尾崎」の愛称で知られるプロゴルファーの尾崎将司選手は、元々はプロ野球選手でした。一九六四年の春のセンバツで優勝投手となり、卒業後に西鉄ライオンズに入団したのです。しかし、同期入団の池永正明投手の投球の凄さを見て、別の道へと挑戦することを決意します。尾崎選手は、引退を決めた理由として「池永に勝ちたいという気持ちが野球を辞める理由だった。野球では負けたけど、違う世界であいつを追い抜く。そんな気持ちだった（Sponichi Annex）[11]」と語っています。投球能力での劣等性に対して抱いた劣等感を努力の原動力に変え、力を尽くすことを惜しまず励んだからこそ、通算優勝回数一一三回という大記録を打ち立てるほどのゴルファーになったのではないでしょうか。

劣等コンプレックスと優越コンプレックス

補償が、劣等感を埋めるための健全な努力である一方で、自分の劣っている部分を理由にして、取り組む必要のある課題や困難を避けようとする時、アドラー心理学では「劣等コンプレックス」と呼びます。劣等コンプレックスは、言い訳として非常に便利な道具です。たとえば、「私は身体的に劣っているから、努力して練習するだけ無駄だ」と言って、苦しい練習に取り組むという課題から逃げたり、「私は内向的で人とコミュニケーションを取るのが苦手だから、チームでのキャプテンなどの役割を担うことができない」と言って、責任を持って臨む必要のある課題を回避したりするのです。なお、運動やスポーツ場面おいて、劣等コンプレックスを持つことで、「練習をすれば技術や記録は伸びる」「努力をすればうまくなる」という認識や、他者（たとえば、指導者やチームメイトなどのような周囲の人々）からの受容感が低くなることがわかっています[12]。

劣等感と劣等コンプレックスは、言葉は似ていますが、まったくもって似て非なるものです。人は、理想の自分や目標に向かって、今より少しでも良くなりたいと思うからこそ、劣等感を抱くのです。しかし、ディエゴ・マラドーナ選手や尾崎将司選手の例を見ればわかるように、劣等感を埋めることは多大な努力を必要としますし、その努力が必ず実り、人生が順調に運ぶという保証もありません。このため、劣等コンプレックスを使って課題や困難から目を背けて、劣等感と向き合う努力を放棄する人もいるのです。

そしてもう一つ、一切の努力をせずに、非常に簡単な方法で優越性を得る方法があります。それが、「優越コンプレックス」です。アドラーは、「自分が実際には優れていないのに、優れているふりをする。そして、この偽りの成功が、耐えることのできない劣等である状態を補償する（個人心理学講義―生きることの科学、[8] p.45)」と述べています。つまり、劣等感を見せかけの優越性で覆い隠すのです。

優越コンプレックスを持つ人は、実際に優れているかどうかが問題ではなく、自分がいかに他者よりも優れて見えるかが最大の関心ごとになります。したがって、自分が他者より優れていることを示すために、有名な人物と親しいことを自慢したり、いかに自分の業績が評価されているかを話したりする傾向にあります(大抵の場合、実際にはさして親しくなかったり、評価されていなかったりするのですが)。もしくは高級車に乗ったり、高価なブランド品を身につけたりすることで、優越性を示そうとする人もいます。

みなさんも、自慢ばかりしてくる人にうんざりした経験があると思いますが、過剰に自分を演出するだけの優越コンプレックスは、実は劣等感の裏返しでしかないとわかれば、そのような人たちに巻き込まれずに対処することができるでしょう。[13] それらはいずれも、見せかけの虚構にすぎないのです。

言い訳として便利な劣等コンプレックス

劣等コンプレックスは、選手が挑戦的な課題に取り組んで失敗した際に、自分の自尊心や他者からの評価を守るためのセルフ・ハンディキャッピングとも関連すると考えます。セルフ・ハンディキャッピングとは、自分の能力がジャッジされる場面で、高い評価や称賛を得られるかどうか確信が持てない場合に、パフォーマンスの発揮を阻害するハンディキャップがあることを他者に主張したり、自らハンディキャップを作りだしたりする行為のことです[14]。そして、事前に用意したハンディキャップによって、たとえ失敗したとしても、その原因をハンディキャップのせいにすることができるので、自分自身へのネガティブな評価を最小限に抑えることができます。さらに、失敗した時の恥ずかしさを軽減したり、自分の自尊心を維持したりもできるのです。

このハンディキャップとして劣等コンプレックスを用いることで、成功裡に終えられるか確信が持てない試合において、劣等性があることを理由に最高のパフォーマンスを発揮するという課題を回避する状況を作りだせます。そして、それによってたとえ試合で負けたとしても、自分を守ることができるわけです。たとえば、一生懸命に練習をして、試合本番で最高のパフォーマンスを発揮することができたら勝てる可能性があるのに、確信が持てずに不安を感じている選手について考えてみましょう。多くの場合、このような不安を抱えている選手は、未来のネガティブな状況に思いを巡らせ、「負けたら監督から評価されないのではないか」「失敗して恥ずかしい思いをしたくない」といったようにあれこれ考えているものです。このような場合に、あえて試合の前日に練習で追い込んで疲労困憊の状態を作りだせば、疲労困憊の状態にある現在の自分は、完璧な状態の時よりも劣等性を有しているために、最高のパフォーマンスを発揮できないという状況に身を置くことが可能になります。そして、試合の結果が悪ければ、「ピーキングに失敗したけれど、ちゃんと調整できていたら自分は良い結果をだせたはずだ」と考える余地を残すことで、試合結果に対する周囲の評価や自尊心を守ることができます。

逆に、試合の結果が良い場合には、ハンディキャップを乗り越えて成功したとみなされ、能力の高さが評価されたり、自己イメージの上昇につなげたりすることができます。先ほどの例で言えば、「前日に追い込んで疲労が抜けていなかったけれど、良い結果を残せた自分はすごい」と考えたり、他者からは「疲労困憊の中でもこれだけの成績が残せたのだから、本来はもっと優れたパフォーマンスを発揮できるのだろう」と評価してもらえたりするわけです。つまり、劣等性をひけらかして課題を回避しようとしつつも、仮に結果が伴えば、理想の自分に近づいたように感じることができるのです。これらの行動は、建設的とは決して言えないものの、優越性を追求するための行動の一つと言えるでしょう。

ちなみに、劣等コンプレックスを理由にして、非建設的な行動を取る人の言葉にはいくつか特徴があります。まず、①イエス、バット…（たしかにそうなのですが、〜なのでできないのです）や②イフ…（もし、〜があるならできるのですが／もし、〜になればできるのですが）」というパターンです[13]。たとえば、以下のような言葉が例として挙げられます。

①たしかに、コーチからもメンタルトレーニングを取り入れたほうが良いと言われているのですが、普段の練習で疲れてしまってできないのです（イエス、バット）。

②もし、あの選手と同じくらい好条件の練習環境が整ったならば、私も練習に身が入るのですが、今は仕事との両立で練習に時間を割くことができないのです（イフ）。

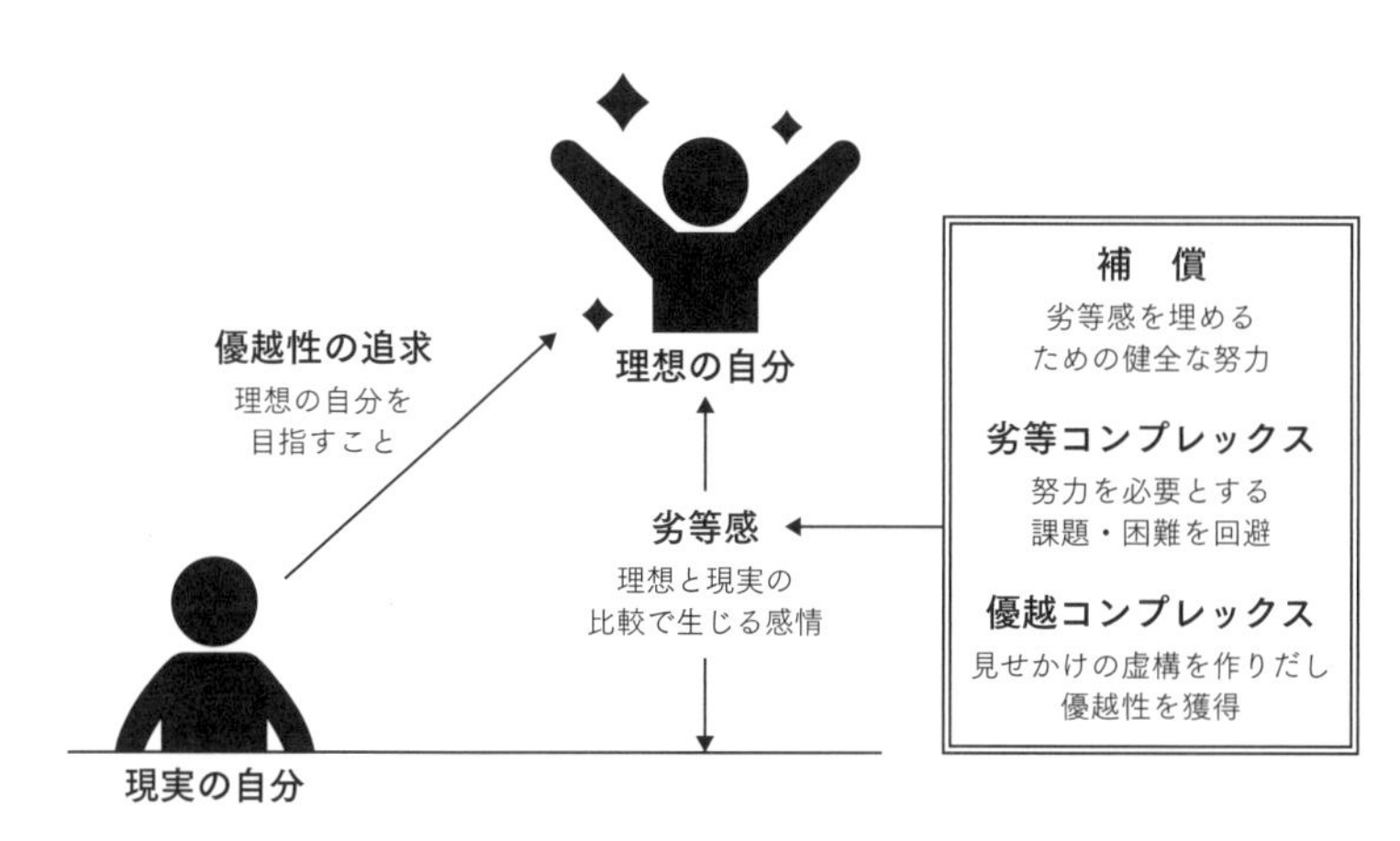

図2-1　劣等感をめぐる概念の整理

二つ目の特徴は、「〜できない」という表現です。しかし本当は、「できない」のではなく「したくない」、もしくは「するつもりはない」ということを、劣等コンプレックスを使って主張しているにすぎません。[3] つまり、「メンタルトレーニングが良いと言われているけれど、別に自分はしたくない（もしくは、するつもりはない）」「これ以上、練習に時間を割きたくない（もしくは、割くつもりはない）」という本音が、裏側に潜んでいるのです。

ここまで、劣等感、優越性の追求、補償、そして劣等コンプレックスと優越コンプレックスという、アドラー心理学のキー概念を説明してきました。とても重要な概念ですので、それらの関係性の理解がより深まるように、**図2-1**にまとめておくこととします。

第3節 個人の主体性（主体論）

生き方を決めるのは自分自身

日常生活や競技スポーツに取り組む中で、「～だったらできるのに」「～さえあればできるのに」という考えに、人はしばしば囚われます。「もっと体格に恵まれていたら、速く走れるのに」「金銭的にサポートを受けられたら、もっと良い環境に身を置いて、トレーニングに集中することができるのに」といったように。このような「たられば」は、言いだしたらキリがありません。たしかに、身体的な劣等性や環境的な条件、生育歴などが個人の思考や行動に与える影響は、ゼロではありません。でも、それらがすべてを決定づけるわけではないのです。つまり、それらは影響因にはなっても、決定因ではないということです。では、個人の思考や行動を何が決定しているのかというと、それは自分自身に他なりません。アドラー心理学では、このことを「個人の主体性（主体論）」と呼んでいます。つまり、与えられたものをどのように意味づけ、その後の思考や態度、行動をどのようにするかを選択しているのは、自分自身だということなのです[15]。

アドラーは、「重要なことは、人が生まれながらに受け継いだものではなく、その受け継いだものをどう使いこなすかということである（現代に生きるアドラー心理学―分析的認知行動心理学を学ぶ[15]、p.54）」と述べています。目的論で見てきたとおり、身体的な劣等性や環境的な条件のディスアドバンテージに対して、それらを補償するために努力をしたり、創意工夫をしたりといった建設的な対応をするのか、劣等コンプレックスや優越コンプレックスによって課題から目を背けるのか、それを決めるのは自分自身なのです。

やわらかな決定論

身体的な劣等性や環境的な条件、生育歴などの影響因は、自分でコントロールすることが難しく、思いどおりにならないことがほとんどです。ですから、自分の思考や行動を決定する時に、無限に選択の自由があるわけではありません。大事なことは、影響因によって何らかの限界はあるけれども、それ以外のことについては、自分で決定することができるということです。このことを、アドラー心理学では「やわらかな決定論」と呼んでいます。

オーストリア出身の精神科医であるヴィクトール・フランクルは、約三年間に及んだナチス強制収容所での体験を元に『夜と霧』を執筆し、世界的ベストセラーになりました。彼は、強制収容所での過酷な重労働や看守からの暴力、深刻な飢え、迫りくる死の恐怖に苦しむ中にあっても、周囲の人間に優しい言葉をかけ、なけなしのパンを弱った仲間に譲っていた人たちを見て、次のように綴っています。「そんな人は、たとえほんのひと握りだったにせよ、人は強制収容所に人間をぶちこんですべてを奪うことができるが、たったひとつ、あたえられた環境でいかにふるまうかという、人間としての最後の自由だけは奪えない（夜と霧―新版[16]、p.110）」と。

競技スポーツの世界に目を向けてみても、恐怖と混乱の中にあっても自分自身の行動を自分で決定し、最終的に世界ランキング一位の座に上り詰めた選手がいます。二〇一一年に世界ランキング一位になったテニスプレーヤー、ノバク・ジョコビッチ選手は、彼が12歳の時に母国セルビアのベオグラードが爆撃に遭い、数ヶ月にわたり防空壕での生活を余儀なくされました。そのような脅威の中にあっても、ジョコビッチ選手はテニスに対する愛情を失うことはありませんでした。彼は、「私は何もないところから今の位置までたどり着き、それは決して簡単なことではなかった。私は食料不足、さまざまな規制、経済制裁、そして通商禁止の中での戦争により切り裂かれた大地からやってきた。テニスの伝統などどこにもなかったし、家族には私を大会に送り出すためのお金もなかった。にもかかわらず、私は世界一位の選手になったのだ。（中略）自分自身を制御できる力の大きさが、あなたの人生の質を決めるのだ（ジョコビッチの生まれ変わる食事〈新装版〉—あなたの人生を激変させる14日間プログラム[17]、p.72）」と述べています。生きていれば、自分の力ではどうすることもできないことに、いくつもぶつかることがあります。それでも、その中での自分の生き方を決めることができるのだということを、どうか覚えておいてください。

劣等感の補償の例で挙げたマラドーナ選手のように、小柄な体格を変えることはできませんが、その体格を持った自分でどのように努力するのかを決めることはできます。戦争という脅威に晒されても、自分の可能性を信じ続けたジョコビッチ選手のように、たとえ環境は変えられずとも、自分の夢や目標にどのように向かっていくのかを決めることができます。トップレベルの選手になるほどに、恵まれた練習環境や金銭的サポートの有無によって、練習の量（時間）に差がつくかもしれません。そうであっても、練習の質をどのように高めるのかを、自分自身で決めることはできるのです。自分にないもの、持っていないものを数えることをやめて、今の自分で何ができるのかを問い続ける姿勢が大切なのです。

第4節 対人関係論

社会的存在としての人間

アドラーは、「人間の悩みは、すべて対人関係の悩みである」と考えました。人間は他者との関係性の中で行動し、発達していく社会的存在です。このため、悩みや問題は、個人の中だけで自然発生的に生まれるのではなく、必ず「相手役」がいて、その相手役との対人関係上で発生するのです[5]。そして、目的論で説明したように、その悩みや問題を解決することを目的として、人間の行動が実行されるのです。

ここで少し、今みなさんが悩んでいることを思い浮かべてみてください。どんな些細なことでもかまいません。もしかすると、対人関係の悩みではなくて、自分個人の問題だと考えられるものもあるかもしれません。たとえば、競技スポーツにおいて、大事な場面で自分の思いどおりのプレーができない時に、「何をやっているんだ、自分は！」と自分自身に対して怒りや失望の感情を抱き、そのまま自己コントロールを失って負けてしまうという話を聞くことがあります。一見すると、怒りや失望の感情を向けた相手役は自分自身であり、対人関係の悩みではないように思えます。しかし、本当にそうでしょうか。何のために「思いどおりのプレー」をしたいのかという目的を考えてみると、ライバル選手に勝つためであったり、監督に認められるためであったり、大事な場面で得点を決める自分を他者に誇示するためであったりと、様々な目的が潜んでいるはずです。そしてそこには、他者の存在が浮かび上がってきます。もし、そのような他者の存在がなければ、ただ単にプレーすることを楽しんでいるだけで、悩みは生まれないはずです。このように、他者との対人関係とまったく無関係で、個人の内的な世界のみと関係しているように見える課題であっても、対人関係の中でのみ意味をなすのです[5]。

また、選手や指導者が抱える悩みとは、競技スポーツに直接関係している人々との対人関係だけではありません。競技スポーツに打ち込むあまり学業が振るわず、そのことで親と口論になったり、競技と家庭の両立に悩んだりというように、家族関係においても悩みを抱えることがあります。また、競技スポーツを優先するために、自分にとって大切な友人やパートナーと過ごす時間を確保することができず、その人たちとの関係性の希薄化に悩むこともあるでしょう。選手であろうと指導者であろうと、多様な対人関係を内包した社会の中で生きているのです。

心の中の対人関係は過去のもの

幼少期の親子関係や友人関係のような過去の対人関係は、その人の心の中にのみ存在するものです[18]。このような個人の心の中（＝精神内界）の問題にアプローチする考え方は、精神内界論と呼ばれています。しかし、アドラー心理学では、過去の対人関係をアプローチの対象とはしません。アドラー心理学で扱う対人関係は、今現在において直面している対人関係なのです。このことについて理解を深めるために、43ページで取り上げた「幼い頃に父親に怒られてばかりいて、その父親の影を男性の監督に投影してしまうから、恐怖心が湧いて何も話せなくなるのだ」という例について考えてみましょう。精神内界論的な視点で見ると、父親との関係が悪かったために、年長の男性に対するイメージに何らかの歪みが生じ、結果として監督を見ると父親を思い出して恐怖心が湧くのだと考えます。そして、幼少期に形成された父親に対するイメージや、心の中での父親との関係性の改善に主眼が置かれるかもしれません。一方、アドラー心理学では、あくまでも現実の具体的な対人関係にアプローチします。つまり、その監督との向き合い方に焦点が当てられるのです。もし、その関係性が改善されることで、年長の男性に対するイメージが良くなっていったとしても、それはあくまで副産物としての効果なのです。

また、もしかすると、現在の父親との関係性は比較的良好かもしれないし、良好でなくとも自分なりに折り合いをつけている可能性もあります。仮にそうだとすると、心の中に存在する過去の対人関係にこだわる必要などあるでしょうか。怒られてばかりいた父親との関係は、もうすでに存在していないのですから。このことを考える上で、明治時代における曹洞宗の禅僧である原坦山（はらたんざん）が、修行仲間の禅僧と二人で各地を行脚していた時の話をご紹介したいと思います。

ある時、二人は橋のない川に行き当たります。そこで二人は、川の中に入って渡ることを躊躇している若い女性に出会います。女性に触れてはならないという戒めがありましたが、すぐさま坦山は、女性を抱えてその川を渡りました。向こう岸で彼らは女性と別れ、再び旅を続けました。しばらく黙々と歩き続けましたが、戒めを守って女性を助けなかった僧が、坦山に向かって咎めるように口を開きます。「修行中の身にもかかわらず、若い女性を抱えて川を渡るとはいかがなものか」と。これに対し、坦山は「確かに俺はあの女を抱えて川を渡った。でも、俺はあの女をとっくに下ろしているのに、お前はまだあの女を抱えているのか」と答えるのです。戒めを守った僧は、現時点においてすでに女性との対人関係は存在していないにもかかわらず、そこに執着することで、不要な悩み（怒り、不満、恥など）を生み出しているわけです。心の中に存在するだけの対人関係は、もはや過ぎ去った過去であり、その人たちの言動に囚われる必要などないのです。

第5節 全体論

分割できない全体としての人間

みなさんは、次に挙げるような「自分自身の中に、様々な矛盾や葛藤が生じているように感じる経験」をしたことがありませんか。

①練習に行こうと思っているのに、この前の試合で失敗したことを思い出すと足が向かない。
②競技のために食事の栄養面を気にする必要があるとわかっているのに、ストレスがあるとイライラして食べすぎてしまう。
③朝練に向けて早く寝ないといけないのに、気がつくとゲームをして遅くまで夜更かしをしてしまう。

このように、ここで生じていると考えられる矛盾や葛藤は、①練習に行こうと「心」では思っているのに、「思考」が邪魔をして「身体」が動かないとか、②食事の栄養面を気にしなくてはいけないと「理性」でわかっているのに、「感情」がそれをできなくさせてしまうといったものでしょう。また、③練習に向けて早く寝ようという「意識」はあるのに、「無意識」のうちに夜更かししていると感じているかもしれません。

このように「心と身体」「理性と感情」「意識と無意識」を部分ごとに分割し、その部分ごとに働きを調べて、そこから得られた知識を総合することで人間を捉える方法を「要素論」と言います。これに対し、アドラーはそれらを分割せずに捉える「全体論」の立場を取りました。なぜなら、仮に人間の頭や胴体、腕や脚を部分ごとに分割したら死んでしまいますし、それらをもう一度組み合わせたとしても人間が生き返ることがないように、人間は全体として一つの生命体であり、「心と身体」「理性と感情」「意識と無意識」などの部品の寄せ集めではないからです[19]。「木を見て森を見ず」という言葉にもあるように、各部分だけを見ると全体像が見えなくなってしまいます。ですから、一人の人間として、個人を全体的に捉える必要があるのです。

ちなみにアドラーは、この「分割できない全体としての人間」を扱うことから、自らの心理学を"individual psychology"（個人心理学）と名づけました。"individual"（個人）とは、"in＋divide"（分割できない）と"individuality"（個性）の意味が含まれています。そこには、「個人は、分割できない全体として、ユニークであり一貫している（幸せな劣等感─アドラー心理学〈実践編〉[20]、p.57）」というアドラーの考え方が反映されているのです。

目的地に向かう自動車

この全体論の考え方は、自動車のブレーキとアクセルにたとえて考えるとわかりやすいです。前述した「練習に行こうと思っているのに、この前の試合で失敗したことを思い出すと足が向かない」という例で考えてみましょう。原因論や要素論で考えると、練習に行くことができるようにするためには、原因となっている「試合で失敗したこと」という心のブレーキとして働いているものを取り除くことにアプローチしていきます。しかし、自動車からブレーキを取り外してアクセルだけになってしまったら、その自動車はもはや安全に走行することができなくなります。

一方、「人間の行動にはすべて目的がある」という目的論の視座に立つアドラー心理学では、何のためにブレーキを踏んでいるのかというその人の目的に焦点を当てます。「心と身体」「理性と感情」「意識と無意識」という区別はあれども、それらには内的な対立や矛盾はなく、その人個人の目的のために互いに協働しているとみなすのです[3]。このことに関して、アドラーは「意識と無意識は同じ方向へと一緒に進んでいくのであり、しばしば信じられているように、矛盾するものではない。その上、意識と無意識を区別するはっきりとした境界線はない。両者の一致した動きの目的を発見することだけが問題なのである（個人心理学講義―生きることの科学[8]、p.25）」と述べています。そして、一見すると対立や矛盾して見える部分の背後にある一貫した動きを見つけ出すことが、アドラー心理学の役割の一つなのです[19]。

たとえば、「練習に行く」というアクセルには、試合で勝つためにパフォーマンスの向上を目指すという目的が考えられますし、逆に「試合で失敗したことを思い出すと足が向かない」というブレーキには、チームメイトから失敗を蒸し返されて、恥ずかしい思いをしたくないといった目的が考えられます。もしそうだとするならば、その二つの目的の背後には、「失敗することなく、常に成功者としての自分であるべき」という理想の自分が隠れているのかもしれません。その理想の自分に近づくために、アクセルとブレーキを同時に踏んでいるだけなのです。どんなに非建設的な行動に見えたとしても、その人の信念に沿って一貫した目的があるのです。

また、ブレーキを踏んでいる原因に目を向けてばかりいると、自分を批判的に見るようになります。「試合で失敗したくらいで、練習に行けないなんて情けない」というように、不安や怒りなどの感情に圧倒されることもあるかもしれません。しかし、何のために自分がブレーキを踏んでいるのかがわかれば、次に取り組む必要のある課題が見えてくるはずです。したがって、ネガティブに見える側面を単に取り除こうとしたり、批判の対象としたりするのではなくて、それも含めて個人全体として理解することが大切なのです。繰り返しになりますが、この世界に何の欠点もない完璧な人間などいません。人はみな、理想とする「完全な自分」に向かって、自分という名の自動車を走らせているのです。その中で、ブレーキとアクセルのバランスをうまく取りながら、それらが互いに協力し合って、自動車が目的地まで走行できるようにすることを目指すことが大切なのです。

第6節　認知論

主観的に意味づけされた世界

アドラー心理学では、出来事や体験などに対して、自分なりに解釈したり、自分流に意味づけしたりして、行動を決めていくと考えられています。これが「認知論」の基本的な考え方です。過去の体験や記憶、価値観などによって作られた、独自のものの見方や考え方、思想や価値観などは、言うなれば「自分のメガネ」です。人は、この「自分のメガネ」を通して世界を見て、行動しているのです。アドラー心理学では、この「自分のメガネ」のことを、「私的論理（プライベート・ロジック）」と呼びます。

「自分のメガネ」をかけて世界を見ているので、たとえ同じ出来事に遭遇したとしても、人によってその受け止め方や解釈は千差万別です。たとえば、「アメリカと月はどちらが近いか？」と問われれば、みなさんは「アメリカのほうが近いに決まっている」と答えると思います。もちろん、客観的事実として、アメリカまでの距離のほうが近いのは間違いありません。しかしそれは、アメリカまでの距離と月までの距離を学校の授業などで学習しており、その知識が反映された「自分のメガネ」を通して出した答えです。それでは、幼稚園に通う子どもに同じ質問をしたら、どのように答えるでしょうか。おそらく、「月のほうが近い」と答えるのではないでしょうか。

子どもは、アメリカと月までの客観的な数値としての距離を知りませんし、実際にアメリカを自分の目で見たこともありません（もちろん、アメリカに旅行したことがあるとか、早期教育によってすでに学んだことがあるという場合は除きます）。一方、月であれば、天気の良い日の夜にはいつだって目にすることができます。つまり、自分の主観的な体験が反映された「自分のメガネ」を通して答えを出しているのです。

この客観と主観の違い以外にも、経験や文化が反映された「自分のメガネ」についても考えておきましょう。みなさんは「雑煮」と聞いて、どのような物を思い浮かべるでしょうか。餅の形は丸いですか？それとも四角いですか？汁はすまし汁ですか？それとも味噌仕立てですか？ご存知の方も多いと思いますが、「雑煮」と一口に言っても、地域によって多種多様な「雑煮」が存在するのです。中には、味噌仕立ての汁にあん餅が入っていたり、出汁で小豆を煮込んだ小豆雑煮なるものもあります（見た目はぜんざいにそっくりです）。同じ日本語を使っているはずなのに、「自分のメガネ」を通すことで、心に思い浮かべているイメージがまったく異なっていることもあるのです。

では、競技スポーツの例として、「雨の日のフルマラソンのレース」について考えてみます。雨の日は、濡れてシューズやウエアが重くなったり、身体が冷えて思うように動かなかったりして、パフォーマンスが低下しやすいものです。これは、すべてのランナーに共通することであり、客観的事実と言って良いでしょう。この客観的事実に対して、二人の選手の考え方を見ていきます。

①　A選手の場合

「雨の日のレースは苦手だ。雨の日はいつも身体が冷えて思いどおりに走れたことがないし、どうせまた勝てない。今日は捨てレースだな」と考えます。そして、レースで負けると、「やっぱり思ったとおりだ。雨だから勝てなかった」と言うことさえあります。

②　B選手の場合

「雨の日のレースは苦手だけれど、パフォーマンスが下がるのはみんな同じ条件だ。今まで、雨の日のレースを想定して練習も積んできたし、その成果を生かして自分にできる対策を考え、しっかり備えよう。まずは防水性が高くて、雨に濡れても重くならない速乾性のウエアを用意して。それから寒さ対策として、レース直前になったら、冷えが気になるところにワセリンを塗るのを忘れないようにして…」と考えていきます。

さて、この二人の違いは何でしょうか。「雨」「シューズやウエアが濡れる」「身体が冷える」という客観的事実はまったく同じであるにもかかわらず、A選手は雨の日のレースでうまくいかなかった過去の経験や記憶によって、「雨の日のフルマラソンのレース」を意味づけし、諦めるという行動を選択しています。しかし、B選手は、苦手な雨の日のレースを想定して練習を重ね、どのような対策が必要かを把握しています。その自分が積み上げてきた経験に基づいて「雨の日のフルマラソンのレース」を解釈し、自分のできる最大限の努力をするという行動を選択しているのです。

このように、人は出来事や体験などに対して、自分なりに解釈したり、自分流に意味づけしたりして、行動を決めているのです。アドラーは、このことを「意味は状況によって決定されるのではない。われわれが状況に与える意味によって、自らを決定するのである（人生の意味の心理学（上）[4]、p.21）」と述べています。

基本的な誤り（ベイシック・ミステイクス）

ここまで見てきたとおり、人は誰でも「自分のメガネ」としての私的論理を持っています。この私的論理は十人十色ですから、他者の考えや意見と相違が生じたり、対人関係上の摩擦が起きたりすることもあります。大抵の場合は、他者と話し合いをして歩み寄ったり、自分の考えを見直したりして、折り合いをつけていくことで解決します。しかし、折り合いをつけることが困難なくらいに私的論理が歪んでいると、自分自身も困りごとを抱えたり苦しんだりしますし、他者もそれによって振り回されることになります[13]。このような歪んだ私的論理のことを、「基本的な誤り（ベイシック・ミステイクス）」と言います。基本的な誤りには、①決めつけ、②誇張、③過度の一般化、④見落とし、⑤誤った価値観の五つがあります。以下で、詳しく説明していきます。

❶決めつけ

決めつけとは、事実ではなく可能性にすぎないものを断定することです。先ほどのA選手の例で言うと、「雨だからどうせ勝てない」という考えが決めつけに当てはまります。決めつけを行う選手は、過去のうまくいかなかった経験や記憶に照らし合わせて、自分の未来の可能性を閉ざしてしまいます。

また、指導者の中にも、決めつけを行う例がたびたび見受けられます。たとえば、行き帰りの電車の中でいつもゲームをしている選手に対して、「あの選手は、練習中に疲れた顔をしていて、真剣に練習に取り組んでいない。昨日もどうせ夜遅くまでゲームをしていて、ちゃんと寝ていないのだろう」のような考えは、決めつけの一例でしょう。果たして、それは本当に真実でしょうか。行き帰りの電車の中でゲームをしているのは、その選手にとっては息抜きの時間なだけであって、もしかしたら連日のハードな練習の後に、文武両道を目指して夜遅くまで勉強しているのかもしれません。もしかしたら、疲れた顔をしているのは、もっとうまくなりたいという気持ちから、帰ってからも自主練習に励み、オーバーワーク気味になっているのかもしれません。決めつけを行ってしまうと、選手の本質や抱えている課題を見逃してしまう可能性があるのです。

❷ 誇張

誇張とは、5のものをまるで10のように誇張したり、一部が全部であるかのように捉えたりすることを言います。誇張をする人は、十把一絡げにして表現する言葉を使う傾向にあります。例を挙げると、「みんなが〜だ」「いつも〜だ」「すべて〜だ」「絶対に〜ない」などがそうです。先ほどのA選手の「雨の日はいつも身体が冷えて思いどおりに走れない」という考えは、誇張なのです。春の花が咲く頃に降るような暖かな雨の日はどうだったのか、パフォーマンスは良くなかったとしても思った以上に動けた雨の日はなかったのかを見直してみると、「いつも」ではないことに気がつけるはずです。

❸過度の一般化と見落とし

過度の一般化とは、一部分に問題があると、他のこともすべて問題であるかのように捉えたり、部分的な出来事や事象を一般化して考えたりすることです。先ほどのA選手が、「自分は雨の日に勝てないから、監督から評価されていない。監督に評価されていないということは、他の選手からも認めてもらえていないだろう」「雨の日に勝てないから選手として評価されていない。部活動でダメだから、学校の先生たちからもダメな生徒だと思われているに違いない」などと仮に考えるなら、これらは過度の一般化であり、それによってさらに自信を喪失するかもしれません。また、A選手を見て、「あいつは雨の日のレースでは集中力が足りない。集中力がなくてメンタル面が弱いから、フィジカル面もダメに違いない」と指導者が考えるとしたら、これも過度の一般化をしていることになります。

一方、見落としとは、ある部分のみを見て大事な側面を見過ごすことです。できないプレーや苦手なプレーだけに着目して、優れている側面を見ないことは見落としをしていることになります。先ほどのA選手は、「雨の日は思いどおりに走れない」ということだけに注目して、自分が本来備えている他の能力を見落としているのです。いつもの自分が、どのようなパフォーマンスを発揮できているのかには、目が向かなくなるのです。

この二つの基本的な誤りは、似ている概念で混同されやすいのですが、木と森で考えてみるとわかりやすいでしょう。「森の中を歩いていて、一本の枯れた木を見つけただけで、この森はダメだ」と考えるのが過度の一般化、「森の中を歩いていて、青々とした葉を繁らせている木々には目もくれず、こっちの木は枯れかけているからダメ、あっちの木は幹が細いからダメ」というように、ネガティブな側面にばかり目を向けるのが見落としです。目的論でも述べましたが、この世界には、何の欠点もない完璧な人間など存在しません。言い方を変えるなら、人間は長所もあれば短所もあるということです。その短所だけを取り上げて自分や他者を評価したり、長所を見ることなく短所だけに目を向けたりするのではなく、「不完全な自分」「不完全な他者」を受け入れることが大切なのです。そして、長所や強みを生かして、どのように努力し前進していくのかを考えることが重要だと言えます。

❹ 誤った価値観

誤った価値観とは、自滅的・破壊的な価値観で物事を捉えるようなことを指します。A選手の例ですと、「雨の日にパフォーマンスを発揮できないなんて、選手として終わっている。自分はもうダメだ。競技を辞めよう」という考えにまで至ってしまうのであれば、これは誤った価値観に当てはまります。また、「たとえどんな手段を使っても、勝てば良い」という誤った価値観を持っていれば、ドーピングや体罰などのような現代のスポーツ界が抱える問題に結びついていくことになるでしょう。

他にも、遅刻してくる選手を見て、「遅刻をするのは人間として最低で、礼儀がない人間だ。そういう人間は選手を辞めるべきだ」と発言した指導者を見たことがありますが、これも誤った価値観と言わざるを得ません。遅刻という行為と、その行為を行った選手の人格を短絡的に結びつけてしまっているのではないでしょうか。もしかしたら、練習場所に来る途中に急病人がいて、その救護の手伝いをしていたかもしれません。これらもまた、あくまでも自分の価値観というメガネを通して解釈したものであり、真実とは異なる可能性があるのです。

「自分のメガネ」を歪めるもの

では、「自分のメガネ」である私的論理は、なぜ歪められてしまうのでしょうか。「自分のメガネ」に影響を与えるものを理解しておくことで、他者の考えや意見と相違が生じたり、対人関係に何らかの摩擦が起きたりした際に、折り合いをつけるためのヒントになると思います。ここでは、心理学や行動経済学の知見を手がかりに、説明していくこととします。

❶マインド・バグ

マインド・バグとは、人間が物事を知覚したり、記憶したり、もしくは推論や判断をしたりする際に誤りを犯すもとになる、その人に染みついた思考の習慣のことです[21]。マインド・バグの一例として、チェス盤の図を用いた実験を紹介しましょう。**図2-2**を見てください。AとBとい

図2-2 チェッカーシャドー錯視（©1995, Adelson, E. H.[22]）

う文字が書かれている四角のうち、どちらがより暗い（濃い）色に見えるでしょうか。

おそらく、Aのほうが暗い（濃い）色だと思ったのではないでしょうか。しかし、AとBの四角は、実はまったく同じ色なのです。AとBと書かれている四角以外の部分を、付箋や紙などを使って隠してみてください。そうすると、それらがまったく同じ色であることがおわかりになると思います。これは、マサチューセッツ工科大学のエドワード・アデルソンによるチェッカーシャドー錯視[22]と呼ばれるもので、マインド・バグの一例です。私たちは経験上、チェス盤の色がチェック柄になっていることを知っています。このため、受け取った情報に自分の思考や記憶による意味づけが加えられ、「チェス盤の色はチェック柄だから、Bの色はこうあるべき」と推測し、Bに対する意識的な知覚を明るくするのです。

もう一つ、別のマインド・バグの例も見てみましょう。二〇一〇年のバンクーバー・オリンピックに向けて出発する日本代表の中に、公式のスーツを着崩したいわゆる「腰パン」スタイルで現れた国母和宏選手を覚えている方もおられると思います。彼のような「腰パン」スタイルで日本代表の公式スーツを着ている選手と、きちんと着用している選手がいた際に、①どちらの選手がより信頼できるか、②どちらがより後輩を育てることに尽力しているかを考えてみてください。

おそらく、きちんと公式スーツを着用している選手を選んだ方が多いのではないでしょうか。それでは、改めて質問します。なぜ、みなさんはそのような判断を行いましたか。人は、その判断が正しいかどうかをほとんど考えることをしませんし、自分にとって心理的・社会的に意味のあるもの（たとえば、年齢、ジェンダー、社会的な地位、身体的魅力、職業など）に左右されて判断をしていきます[21]。ここで挙げた例で言えば、自分にとって見た目が好ましいと考える選手に対して、より好意的な評価をしたということです。人は、自分にとって心理的・社会的に意味のあるものを優先することによって、相手の価値観や考え方、信念には思いを巡らせることをしないのです。たとえ公式のスーツを着崩していたとしても、自分の中の信念に基づいて取った行動かもしれないし、練習には誰よりも真摯に取り組んでいるかもしれません。また、自分のことだけを考えずに、後輩を育てるために尽力しているかもしれません。そういった真実は、マインド・バグによって歪められた「自分のメガネ」を通してみることで、一切考慮されなくなるのです。

❷ネガティビティ・バイアス

ネガティブな情報や感情は、ポジティブなものよりも大きな影響力を持つだけでなく、より記憶に残りやすい性質があります。また、他者に対するネガティブな印象も、ポジティブな印象より速く形成されていきます。これらは、ネガティビティ・バイアスと呼ばれる現象です[23]。たとえば、最近はたくさんのグルメサイトがあり、使ったことのある方も多いと思います。グルメサイトには、様々な飲食店の住所や営業時間、価格帯といった情報だけでなく、実際に利用した人のレビューも掲載されています。このレビューに目を通す時、人はポジティブなコメントよりもネガティブなもののほうに目が行きやすく、またそれによって悪い印象のほうがすぐに形成されるのです。たとえ総合評価が高くても、「店員のサービスが悪い」「料理が出てくるまでの時間がかかる」「期待外れの味」などのコメントを読んで、そのお店に行くのをためらった経験があるのではないでしょうか。

同じように、試合で失敗を一つすると、他にどんなに良いプレーを行っていたとしても、その一つの失敗に注意が向いていつまでも引きずってしまうことがあります。これは、ネガティビティ・バイアスによって「自分のメガネ」が歪められたまま、自分を評価しているからに他なりません。

また、人は他者の行動の建設的（適切）な側面ではなく、非建設的（不適切）な側面に注意を向けやすいとされています。たとえば、子どもの全行動のうち、朝はきちんと起きる、おはようと元気に挨拶するなどの建設的な行動が占める割合は98パーセントであり、非建設的な行動はわずか2パーセントであるにもかかわらず、子どもの行動に対する親の注目のウエイトは、建設的な側面に2パーセント、非建設的な側面に98パーセントと大きく偏っていることがわかっています[13]。

このことは、選手がチームメイトの行動へ向ける注目や、指導者が選手の行動へ向ける注目のウエイトにおいても、多かれ少なかれ同様のことが言えるのではないでしょうか。練習に来れば、チームのメンバーに気持ちの良い挨拶をして、熱心に練習に取り組み、練習が終わればきちんと後片づけをして練習場所を整備する。これらは、すべて建設的な行動です。でも、このような行動は、競技スポーツにおいては当たり前の行動と見なされ、ほとんど気に留められることはありません。一方で、大幅な遅刻をしたり、悔しさを抑えきれずに道具に八つ当たりをしたりという行動に対しては、それがわずか一回だけだったとしても、指導者やチームメイトの記憶に残ります。「大幅な遅刻」「道具への八つ当たり」というわずか数回の非建設的な行動に過剰な注目が向けられ、普段行っている建設的な行動は評価されにくくなるのです。

❸代表性ヒューリスティック

判断や意思決定を行う際に、簡便なプロセスを経て結論を得る方法をヒューリスティックと呼びます。その中でも代表性ヒューリスティックとは、特定のカテゴリーに典型的と思われる事項の確率を、過大に評価しやすい意思決定の方法を意味します[24]。耳慣れない言葉だと思いますが、簡単に言えば経験則やレッテル貼りのことであり、特定のカテゴリーに典型的な事象を、すべての人に共通するものとして無意識に当てはめることと考えるとわかりやすいでしょう。多くの場合、それらは非合理なものであり、正しい判断や意思決定につながるわけではありません。しかし、結論に至るまでの時間を短縮することができるため、人は無意識のうちに、頻繁に代表性ヒューリスティックを用いています。

代表性ヒューリスティックの有名な例として、行動経済学の生みの親であるエイモス・トヴェルスキーとダニエル・カーネマンが考案した「リンダ問題」というものがあります[25]。「リンダは31歳の独身で、率直な性格でとても聡明な女性です。大学では哲学を専攻していました。学生時代には、差別や社会正義などの問題に深く関心を持ち、反核デモに参加したことがあります」という文章を読んだ後に、リンダの現在の職業の可能性を問われると、「彼女は銀行の窓口係である」確率よりも、「彼女は銀行の窓口係で、フェミニストである」確率のほうが高いと判断されるのです。しかしこれは、代表性ヒューリスティックによって、蓋然性が高いような錯覚が生じているだけなのです。なぜなら、「投手をしている野球選手」より「野球選手」のほうが圧倒的に多いのと同じように、「フェミニストである銀行の窓口係」は「銀行の窓口係」の中に包含されているのであって、その確率は後者のほうが必ず高いはずなのです。リンダ問題の場合は、「大学で哲学を専攻」「差別や社会正義などの問題に深く関心」「反核デモに参加」といった情報と、「フェミニスト」という特徴を直感的に結びつけて選択していることがわかります。

日常生活の中の代表性ヒューリスティックとしては、血液型がわかりやすい一例だと思います。

友人の血液型を聞いた時に、A型の人は几帳面で真面目、B型の人はマイペースで変わり者、O型の人は大雑把でおおらか、AB型の人は二面性があるというイメージに基づいて、その友人を解釈した経験がありませんか。他にも、身長が190cmのスポーツ選手の写真を見せられて、「この選手が行っている種目は、サッカーとバレーボールのどちらでしょう?」と聞かれたら、多くの人がバレーボール選手と答えるのではないでしょうか。これは、身長の高さとバレーボール選手を短絡的に結びつけて、判断を行っているためです。

代表性ヒューリスティックは、判断や意思決定のプロセスにおいて、思考する時間を節約する便利な方法ではあるのですが、客観的な事実を反映しているわけではないので、「自分のメガネ」を歪ませてしまうことがあるのです。

共同体感覚

「自分のメガネ」である私的論理に対して、多くの人々が共通して有している思考や感じ方、価値観のことを「共通感覚(コモンセンス)」と言います。共通感覚の英語表記である"common sense"は、一般的には社会における「常識」と訳されます。しかし、アドラー心理学で扱う共通感覚は、この社会の常識と同義ではないので注意が必要です。たとえば、義務教育である日本において、子どもが学校に通うことは当たり前であり、社会の常識として考えられています。そして近年では、教員による一方向の講義形式の教育ではなく、生徒の能動的な学修への参加を取り入れた「アクティブラーニング」[26]の推進により、グループ・ディスカッションやグループ・ワークなどの時間が増加しています。これは、生涯にわたって主体的に学び続ける力、主体的に考える力を備えた人材の育成を目的としているのですが、その背後には「大人になったら働くという社会の常識」や、「働く際に必要となる能力を身につけておくべきという社会の常識」が存在しているのではないでしょうか。

このような社会の常識によって、そこに当てはまらない人々は、社会から否定されたり排除されたりしやすく、心理的な困難や葛藤を抱えることにつながっていきます。先ほどの学校教育をめぐる常識について考えると、他者とのコミュニケーションに困難を抱えている子どもは、学校に馴染むことができずに不適応を起こす可能性がありますし、社会の常識から逸脱した変わった子どもというレッテルを貼られかねません。しかし、このような場合には、学校という限られた場所以外で自分に適した自由な学びの場を探究し、そこで自分の可能性を拓くような学習を深めていくという選択をできるかもしれません。そして、そのような選択をすることが、彼ら・彼女らにとって、また周りの他者にとっても幸せな未来につながっていくことがあるのです。つまり、多様な他者を包含するこの世界を建設的に生きていく上で、個人にとっても他者や社会にとっても受け入れられる意味づけのあり方こそが、共通感覚なのです。

共通感覚は、社会の常識・非常識のように、何が良くて何が悪いのかという判断を伴うものではありません。文化や思想、世代などによって異なるものであり、どの共通感覚が正しいと、一つだけに決めることができないからです。ですから、正しい共通感覚とは何かという常識探しをする必要はありません。それよりも、共通感覚をわかち合っている共同体がより良くなるように貢献し、行動していく姿勢が大切なのです。このような、人が互いを思い合う感覚や、今存在している時間や場所を大切にする感覚のことを、アドラー心理学では「共同体感覚」と呼びます。

もう少し具体的に理解するために、共同体感覚を測定するために開発された「共同体感覚尺度[27]」の構成要素を見ておきましょう。この尺度では、①所属している集団やそのメンバーを信頼できている感覚（信頼感）、②信頼できる集団に所属できている感覚（所属感）、③他者に対して主体的に貢献することができている感覚（貢献感）、および④現在の自分自身を肯定的に受け入れることができている感覚（自己受容）の四つを、共同体感覚の要素として挙げています。共同体感覚は、とても複雑で定義が難しい概念ではあるのですが、簡単にまとめるなら「自分だけのためではなく、自分が所属している共同体全体が良くなるように行動するという価値観[3]」のことと覚えておくと良いでしょう。

なお、アドラーが意味する「共同体」とは、自分が所属している家族、学校、職場、社会、国、人類だけでなく、過去や現在、未来におけるすべての人類、さらに宇宙全体をも含めたとても広い概念なのですが[5]、まずはご自身の身近な共同体（たとえば、学校や部活動、所属しているチーム、取り組んでいる種目のスポーツ界全体など）を念頭に置いて、考えてみることから始めると良いと思います。

共同体感覚によって生まれる感謝の循環

共同体感覚が発達していないと、自分の利益だけを追求したり、自分自身にしか関心がなかったり、もしくは他者から何かをしてもらうことだけを考えるようになります。競技スポーツにおいて、自分が勝つことだけを考えている選手、勝つために環境やお金を与えてもらうことだけを考えている選手を、みなさんは応援したいと思うでしょうか。逆に、一生懸命に努力する姿を示すことで周りの人々を勇気づけたいという想いを胸に、ひたむきに練習に励んでいる選手、自分の挑戦が未来の若い選手にとって新たな道を切り拓く礎になると信じ、困難に立ち向かい、偉業を残した選手に対してはどうでしょうか。このような選手を目の当たりにした時に、「勇気をありがとう」「自分も頑張るエネルギーをもらった。ありがとう」というような感謝の言葉が紡がれるのではないでしょうか。

この感謝には、「恩送り」と呼ばれる現象があります。恩送りとは、他者からの親切や善意を受け取った人が、そのお礼を相手に返報するのではなく、別の第三者に向けてその人のためになる行動を行うことです[28]。そして、Aさんから親切や善意を受けたBさんがCさんへ、CさんはDさんへ、DさんはEさんへ…というように恩送りの連鎖が起きれば、共同体全体がより良く変化していくと考えられます。競技スポーツにおいても、選手が自分を取り巻く他者に感謝を表現しあう感謝風土が成熟したチームでは、他者のためになる行動の連鎖が生じる可能性があるとともにに、それによって、互いに助け合う良好な対人関係が生まれると考えられています[29]。そして、チームやスポーツ界だけでなく、それが社会にまで波及していくならば、そこに競技スポーツの大きな社会的意義を見出すことができるのではないでしょうか。

ですから、競技スポーツにおいても、自分が勝利するために、他の選手や指導者、チームや社会が自分に何を与えてくれるのか、そこから何を得ることができるのかという姿勢ではなく、選手として、他者や社会に自分はどんな貢献ができるのかという共同体感覚を養うことが大切なのです。そして、共同体感覚を育むことで、勝利という結果がすべてであるといった勝利至上主義から脱却し、選手として、またその人自身としての成長にもつながっていくでしょう。

相手の目で見、相手の耳で聞き、相手の心で感じる

競技スポーツには、指導者や所属しているチーム内のメンバー、対戦相手、審判、観客、あるいは支えてくれている家族やスポンサーなど、たくさんの人々との関係性が存在しています。このことは、個人種目であっても、集団種目であっても同様です。対人関係論で触れたとおり、アドラー心理学では人間の悩みはすべて対人関係の悩みだと考えますが、他者とのより良い関係を築くためには、共同体感覚が不可欠なのです。共同体感覚の欠如は、「自分のメガネ」を通してだけ世界を見て、自分にとって有益になることのみを追求することにつながり、対人関係上の悩みを生み出します。したがって、「自分のメガネ」である私的論理を理解し、その私的論理と共

目的論（第2節）	・人間の行動には、すべて目的がある。 ・過去の原因ではなく、より良い未来のために何をするのかを考える。 ・劣等感はどんな人でも持っており、行動の原動力となる。
個人の主体性（主体論）（第3節）	・どのような状況にあったとしても、生き方を決めるのは自分自身である。 ・ないもの探しをやめ、今の自分で何ができるのかを模索する。
対人関係論（第4節）	・人間の悩みはすべて対人関係の悩みであり、必ず相手役が存在する。 ・心の中にのみ存在する過去の対人関係ではなく、現実の人間関係にアプローチする。
全体論（第5節）	・「心と身体」「理性と感情」「意識と無意識」を部分ごとに分割せず、一人の人間として全体的に捉える。 ・内的な葛藤や矛盾はなく、目的に向かって協力しあっている。
認知論（第6節）	・人間は「自分のメガネ」を通して世界を見て、意味づけしている。 ・他者に対して「相手の目で見、相手の耳で聞き、相手の心で感じる」ことを心がける。

図2-3　アドラー心理学の基本的な考え方のポイント

通感覚の折り合いをつけていくことを意識しておく必要があるのです。

そのためには、他者の考えや価値観、状況などに対して、最大限に思いを巡らせることが大切です。このことをアドラーは、「相手の目で見、相手の耳で聞き、相手の心で感じる（勇気づけの心理学 増補・改訂版[13]、p.64）」という言葉で表しました。チームメイトとの間に悩みを抱えている選手であれば、「チームメイトの目で見、チームメイトの耳で聞き、チームメイトの心で感じる」ことをしているか振り返ってみてください。指導者であれば、選手の性格や思考を決めつける前に、「選手の目で見、選手の耳で聞き、選手の心で感じる」ことをしてみてください。もし、他者との間に何らかの課題が生まれたならば、「自分のメガネ」を一旦外して、「相手のメガネ」で見ることが大切なのです。

ここまで、アドラー心理学の五つの基本的な考え方について見てきました。前ページの**図2-3**に、簡単にまとめておきますので、ここで一度、振り返っておくと良いと思います。

第7節 ライフスタイルとライフタスク

「変えたいもの」は何？

さて、みなさんは、どのような理由でこの本を手に取られたでしょうか。「大きな試合や大事な場面で緊張することなく、実力を発揮したい」「不安や怒りなどの感情で自己コントロールを失うことなく、試合で勝ちたい」というように、心が乱れてしまう自分を変えたいからでしょうか。「人と比べてばかりで、自信を持てない」「自分を認めてあげることができない」「マイナス思考に陥ってしまう」というように、ネガティブな自分を変えたいからでしょうか。それとも、チームメイトや監督、親など、周囲の人々との関係に悩んでいて、それを良好な状態に変えたいからでしょうか。指導者の方であれば、「選手にやる気を出させたい」「選手に自信をつけさせたい」などのように、選手の心を変えたいという理由からであったり、自分の指導法に迷いがあって、より良いものに変えていきたいという考えを抱いているからかもしれません。

いずれにせよ、何らかの「変えたいもの」があって、この本を手に取られたのではないでしょうか。その「変えたいもの」とは、人によって様々でしょう。しかし、すでに説明してきたとおり、変えられないものではなく、変えられるものにアプローチすることが肝要になります。「チームメイトや監督の考えが理解できない」「選手を変えたい」というように、他者を変えたい（変わってほしい）と思うのはみなさんの自由ですが、実際にみなさんが他者を変えることはできないのです。自分には理解できない、もしくは自分から見ると不適切と思われる相手の思考や行動は、あくまで「自分のメガネ」を通して評価しているものであり、そのメガネには今現在の自分の考えや価値観が反映されているのです。

変えられるものとは、今現在の自分でしかありません。以下では、この「今現在の自分」について、アドラー心理学の視座から考えてみたいと思います。

ライフスタイル：思考や行動のクセ

人には、それぞれ個性があります。怒りっぽい人もいれば、温厚な人もいます。冷淡な人もいれば、親切な人もいます。一人が好きで内向的な人もいれば、仲間と過ごすことを好む外向的な人もいます。このような人間の行動の傾向性のことを、心理学では性格とかパーソナリティと呼んでいます。ただし、性格とパーソナリティは、微妙に意味するものが異なります。性格の英語表記であるキャラクター（character）は「クルトゥール（彫り込まれたもの）」が語源であり、一生を通じてほとんど変化しない一方で、「ペルソナ（仮面）」を語源に持つパーソナリティは、場面に応じて変化しうると考えられています[30]。また、性格は生まれ持っての遺伝的なものであるのに対し、パーソナリティは成長する過程で身につけたり、社会的な役割の中で獲得したりするものとされています[3]。

それでは、アドラー心理学では、この性格やパーソナリティをどのように捉えているのでしょうか。対人関係論で、人間は他者との関係性の中で行動し、発達する社会的存在であり、抱える悩みはすべて対人関係の中で生じるということを説明しました。これは人間の行動の傾向性に関しても同様で、性格やパーソナリティなど呼び方は何であれ、それらはすべて、他者との関係性の中で生じる特性です。対人関係を抜きにして、性格やパーソナリティを判断し、語ることはできないのです。もし、誰も相手がおらず、この世に自分たった一人しかいないならば、怒りっぽかったり、親切だったり、外向的だったりする人など存在するでしょうか。いわゆる性格やパーソナリティを表すとされる言葉の多くは、対人関係のあり方に関係して用いられるものであり、相手が存在しない状況下では現れようがないのです[30]。

そこで、アドラー心理学では、性格やパーソナリティと称される人間の行動の傾向性を、対人関係についてのその人特有の行動の傾向として捉え、「ライフスタイル」と呼んでいます。一般的にライフスタイルというと、生活習慣や生活様式、人生における価値観のことを思い浮かべる方が多いと思います。「メタボ予防のために、ライフスタイルを見直しましょう」とか、「都会にいても、ゆとりのあるライフスタイルを実現」「現代社会はライフスタイルが多様化」などのように、みなさんも日常的に耳にする言葉ではないでしょうか。このため、ライフスタイルという言葉は、性格やパーソナリティという言葉と比較すると、心理学の用語としてあまり馴染みのないものかもしれません。しかし、このライフスタイルは、アドラー心理学において非常に重要な概念として扱われています。

心理学において性格やパーソナリティと呼ばれているものに対して、あえてライフスタイルという言葉を用いるのは、アドラー心理学では「その個人特有の生き方のルール」という語感を大切にしているからです[31]。アドラー心理学は、人間が自分の世界に、どのようにして適応するのかを学ぶものです。ライフスタイルとは、他者との関係や人生に対する見方の中に反映される、その人独自の「思考や行動のクセ（ルール）」なのです。

ライフスタイルを構成する信念

ライフスタイルは、①自己概念、②世界像、③自己理想の三つの信念で構成されており、それらが日々の思考や行動に影響を与えていきます。なお、当初アドラーは、3歳から5歳の間にライフスタイルの諸要素が発達し、その結果として子どもは自分の経験に意味づけを行うようになると考えました[32]。現代のアドラー心理学ではもう少し遅く、概ね10歳くらいまでにライフスタイルが形成されるという見解で一致しているようです。

❶ 自己概念と世界像

アドラーは、自己概念と世界像について、「行動のすべてにおいて、世界と自分自身についての暗黙の意味づけ、つまり、『私はこのようであり、宇宙はこのようである』という判断があり、自分自身と人生に与えられる意味がある（人生の意味の心理学（上）[4]、p.9）」と述べています。自己概念とは「自分はどういう人間か」という信念、世界像は「自分と他者との関係性はどのようなものか」「人生は一般的にどのようなものであるか」という信念のことであり、いずれも「どのようなものであるか」という問いに対する答えになるものです。

簡単に言えば、自己概念とは今の自分自身の捉え方のことです。たとえば、「私は男性である」「私は大学生である」「私はスポーツ選手である」のように、「私は○○である」といった自分に対する記述で表現されるものです。また、「私は身長が高い」「私は太っている」「私は健康だ」といった身体的な描写や、「私は自分が好きだ」「私は性格が良い」「私には何の価値もない」のように、自分をどれだけ肯定的・否定的にみるかという自己評価の感情も、自己概念に含まれます。

そして、世界像は、他者との関係性や人生に対する捉え方と考えるとわかりやすいでしょう。たとえば、対人関係に対する捉え方であれば、「人は私に親切にしてくれる」「人は裏切るものである」「信用できない」といった一般的な対人関係に関するものや、「男性は権力があり、有利である」「年上は敬わなければいけない」のような規範や文化に関するものが含まれます。また、人生に対する捉え方とは、「人生はおもしろく、生きる価値がある」「人生は予測がつかない」などのように、人生をどのように見ているかに関する信念です。

どのような自己概念や世界像が正しい、間違っているということはありません。自己概念も世界像も、客観的真実に基づいているとは限らないからです。「自分は努力をしても、いつになっても成長しないダメな選手」という自己概念を抱いている選手がいたとしても、監督やチームメイトの目には、絶え間ない努力を続ける姿がしっかりと焼きつけられていることもあります。勝利至上主義の世界に身を投じる中で作られる可能性のある「世界は弱肉強食だ。強い者が常に正しいのだ」という世界像は、勝利至上主義を崇拝する人々の間では正しいかもしれませんが、実際の社会を生きていく上で必要な共同体感覚を養うことができず、人生の中でいつか困難にぶつかるかもしれません。自己概念や世界像は、あくまでその人にとって「自分や世界はそう見える」という主観であり、いつでも「すべての意見は唱える本人から見ると正しい（現代に生きるアドラー心理学――分析的認知行動心理学を学ぶ[15]、p.89）」のです。

❷自己理想

前述してきた自己概念や世界像は、現在の経験や過去の出来事を基盤として形成されますが、自己理想は目的論に基づいており、未来の自分や人生に対する理想が表現されたものです[15]。誰であれ、「どんな自分になりたいのか」「自分はどうあるべきなのか」という未来の自分や、「他者にどのように接してほしいのか」「どのような人生を送りたいのか」という人生に対する理想のイメージを、心の中に抱いているのではないでしょうか。このような、自分や人生のあるべき姿や、対人関係の望むべき形が自己理想です。

自己理想は、自分の行動の指針となる信念です。認知論で、人は出来事や体験などに対して、自分なりに解釈したり、自分流に意味づけしたりして、行動を決めていると説明しました。これは、人は自分のライフスタイルの自己概念や世界像に沿って解釈や意味づけを行い、最終的に自己理想に向かって行動を決定していると言い換えることができます。言うなれば、自己理想は「人生のコンパス[3]」のようなものなのです。

❸「私は……、他者は……、だから……」

自己概念、世界像、および自己理想で構成されるライフスタイルは、その人独自の「思考や行動のクセ」であり、「私は……、他者は（人生は／世界は）……、だから……」という公式にまとめることができます[33]。そして、最終的に決定された行動が、他者にはどんなに非建設的に見えるとしても、その人にとっては自己理想という名の人生のコンパスが指し示す方向へ向かって、選択されているのです。

たとえば、「私は、ミスや失敗をしやすいダメな人間だ」という自己概念を持っているC選手について考えてみましょう。このC選手が、「ミスや失敗をすると、他者は自分を叱責したり、無能だと評価したりする」という世界像を抱いているならば、その行動はどうなるでしょうか。「私は、ミスや失敗をしやすい（自己概念）。そして他者は、ミスや失敗をする人間に厳しい（世界像）。だから、難しいことや新しいことには取り組まないほうが良い。叱責や批判を受けて、傷つきたくない（自己理想）」ので、ミスや失敗を伴う困難な場面で挑戦することを避けたり、難しい課題から逃げたりするといった行動を選択するかもしれません。そして、そのような自分を否定したり、責めたりして、さらにネガティブな自己概念を発達させていくかもしれません。

逆に、「私は、ミスや失敗をしやすいダメな人間だ」というC選手と同じ自己概念を有していても、「ミスや失敗をしたとしても、新たな学びのサポートをしてくれる他者がいる」という世界像を持つD選手ではどうでしょうか。「私は、ミスや失敗をしやすい（自己概念）。しかし他者は、ミスや失敗から新たな学びの視座を与えてくれる（世界像）。だから、ミスや失敗を恐れずに、自分の納得のいくプレーに全力で取り組みたい。最終的に、最高のパフォーマンスを発揮できる選手になりたい（自己理想）」から、たとえミスや失敗を繰り返したとしても、たゆまぬ努力を続けるという行動を選択するかもしれません。そして結果として、「私は、ミスや失敗をたくさんするかもしれないけれど、果敢なチャレンジャーなのだ」というように、自己概念が修正されていくこともあるでしょう。このように、ライフスタイルの三つの信念は密接に絡みあっており、互いに影響を与えながら発達し、修正されていくのです。

ちなみに、この例で挙げた二人の選手に対して、前者の非建設的な行動を取るC選手を「メンタルが弱い」、後者の建設的な行動を取るD選手を「メンタルが強い」というように捉える人が多いのではないでしょうか。しかし、この正反対の行動を選択している選手のいずれも、アドラー心理学の基本的な考え方である「優越性の追求」が背景にあることを覚えておいてください。優越性の追求は決してやむことなく、どこまでも続いていくものなのです。人はみな、今より良くなることを希求し、実現したい目標に少しでも近づきたいと思って生きているのです。アドラーは、「正常なライフスタイルなどはなく、予期しなかったことが起こって弱点が表に出るまでは、どんなライフスタイルでも適切である（現代に生きるアドラー心理学―分析的認知行動心理学を学ぶ[15]、pp.104–105）」と考えていました。このことを踏まえると、非建設的な行動をとっているC選手は、自分にとってのルールであるライフスタイルを参照し、努力を回避することで、自分が今より悪くならないことを選択しているだけなのです。一方、後者のD選手は、今より良くなるために、他者と協力しながら健全な努力に励む補償を選択しました。いずれの選手においても、優越性の追求の視点から見れば、それらは必要な行動になっているのです。

しかし、C選手のように、課題や困難との対峙を回避することは、基本的には自分にのみ関心を向けて生きていることであり、共同体感覚が欠如していると言えます。人間が他者との関係性の中で行動する社会的存在である限り、いずれは何らかの困難に立ち止まる日が来るかもしれません。その時は、自分の「思考や行動のクセ」であるライフスタイルを変える決心をする時と言えるでしょう。

人生におけるライフタスク

人生の中で、その時どきにおいて個人が解決を迫られている課題を「ライフタスク（人生の課題）」と呼びます。あるライフスタイルを持っている人が、あるライフタスクに遭遇すると、必ず一定の行動を取ります。先ほどのC選手のように、「私は、ミスや失敗をしやすい。そして他者は、ミスや失敗をする人間に厳しい。だから、難しいことや新しいことには取り組むべきではない。叱責や批判を受けて、傷つきたくない」というライフスタイルを持っている選手は、競技場面においてのみ課題や挑戦を避けるわけではなく、学業や仕事、友人や恋人との関係性においても、同様に保守的・回避的な行動を取ります。

アドラー心理学では、その人の持っているライフスタイルと、直面しているライフタスクとの関係性から、人間の思考や行動を理解していきます。心理学というと、心の奥底や無意識を深く掘り下げて分析していくことと考えられがちですが、アドラー心理学では人の心の中だけでなく、環境や対人関係にも目配せをして、それらの相互作用を通して人の行動を捉えることを目指すのです[5]。

また、ライフタスクには、①仕事のタスク、②交友のタスク、③愛のタスクの三つがありますが、その内容はすべて対人関係に関するものです。アドラーは「すべての人は、三つの主要な絆の中に生きている。これを考慮しないわけにはいかない。それが人の現実を構成する。なぜなら、人が直面するすべての問題や問いは、そこから生じるからである（人生の意味の心理学（上）[4]、p.10）」と述べています。

近年では、この三つのタスクに加えて、④自己のタスクと⑤スピリチュアルのタスクの二つも含められるようになりました。この二つのタスクは、いずれも相手役は他者ではなく、自分自身となります。アドラーが初期に提唱した仕事、交友、および愛のタスクは、この世界で生きていくための課題であり、一方、後世のアドラー心理学者によって加えられた自己とスピリチュアルのタスクは、この世界で生きていることの意味を探求する課題と捉えられています[3]。

❶ 仕事のタスク

それではまず、仕事のタスクについて説明しましょう。「仕事」と聞くと、いわゆるお金を稼ぐ職業としての仕事を思い浮かべる人も多いと思いますが、アドラー心理学では、共同体の繁栄や成長を協力して支えていくために必要な「仕事」のことを意味します。人間は、一人で生きていくことはできません。みなさんが手にしているこの本も、アドラーをはじめとする多くの心理学者の知が積み重ねられてきた中で、文章としてまとめられたものです。また、書籍の形となってみなさんの手に届くまでには、製紙工場で紙が作られ、印刷所で文章が刷られて本になり、出版社の尽力があって世に生み出されるというたくさんの過程を経ているのです。そして（願わくは）、この本を読んだみなさんが、より良く生きるためのヒントの一かけらを手にして、それを実践することで社会に貢献していくという未来につながるかもしれません。

このように、人間は互いに強く結びつきながら、共同体が発展し、より良くなるために必要な仕事に対して、一人ひとりが義務や役割を持って貢献しているのです。このような義務や役割を担い、貢献する行動は、すべて仕事のタスクと考えられます。したがって、報酬を得るための仕事のみならず、専業主婦であれば家事や育児、子どもであれば学業のように、無償の活動も仕事のタスクとなります。選手であれば競技スポーツに真摯に取り組むことが、指導者であれば選手の可能性を拓くコーチングや育成が、仕事のタスクとなるのです。

❷ 交友のタスク

仕事をするためには互いの協力が必要であり、協力するためには他者との良い対人関係の構築が必要不可欠です[3]。この他者との交流の仕方を扱うものが、交友のタスクになります。アドラーは、「私たちはいつも他者を推測し、他者と適応し、他者に関心を持たねばならない（現代に生きるアドラー心理学―分析的認知行動心理学を学ぶ[15]、p. 174）」と述べていますが、交友のタスクは仕事のタスク以上に、他者への興味関心や共感を伴う対人関係の中での課題となります。学校での友人との関係だけでなく、プライベートでの同僚とのつき合いやママ友同士の交流などは、交友のタスクとしての側面を有しています。

競技スポーツにおいては、試合中にアイコンタクトやあいづち、サインプレーなど、非言語のコミュニケーションが頻繁に行われます。これらの非言語の情報を用いて相手に自分の考えを伝えたり、また相手が何を要求しているのかを瞬時に理解したりするためには、チームメイトと密度の濃い時間を共有しておくことが不可欠です。そのためには、練習や試合場面だけでなく、日常生活においてもチームメイトと共有する時間を増やすことが重要になります。この意味で考えると、競技スポーツにおける対人関係は、チームのメンバーとしての仕事のタスクと、チームのメンバーがより良い対人関係を構築する交友のタスクが、複雑に絡み合っていると言えるかもしれません。

❸ 愛のタスク

愛のタスクは、パートナーとの関係や親子関係のような非常に親密な関係の中で、良い関係を構築することを指します。仕事のタスクや交友のタスクと比べて、さらに距離の近い「運命共同体的関係性」と考えられています[5]。

愛のタスクは、競技スポーツと直接関係しないように思えるかもしれませんが、選手であれ指導者であれ、パートナーや家族との関係が存在していることを忘れてはなりません。とりわけ、日常生活における競技スポーツの占める比重が大きくなると、パートナーや家族とともに過ごす時間の確保が困難になる中で、愛のタスクに問題が生じ、それが競技スポーツ（仕事のタスク）における心理的な困難に波及することもあります[34]。たとえば、競技スポーツを最優先にすることで、子どもの学校行事に行くことができず、子どもに悲しい思いをさせていることに罪悪感を抱えている選手もいます。パートナーと一緒に過ごす時間が減少し、コミュニケーション不足による関係の悪化に悩んでいる選手もいます。そのような心理面での揺れが、競技スポーツそのものに影響を及ぼすこともあるのです。

❹ 自己のタスク

自己のタスクは、長所だけでなく短所も持っている自分や、不完全である自分の受容といった自分自身との向き合い方が課題となります。また、心身の健康面の問題や、その管理も自己のタスクに含まれる課題です。

人はみな、理想の自分に少しでも近づきたい、理想とする目標を実現したいと思って生きています。その過程において、人は時に失敗したり、うまくいかないことに直面したりすることもありますが、そこから学んだことを生かし、努力を重ねていくのです。

しかし、とりわけ競技スポーツにおいては、ミスや失敗は試合での負けに直結する可能性があるので、選手は「完璧なプレー」を理想とし、追い求めることがあります。過剰なまでに完全性を目指しすぎると、些細なミスや失敗さえも許容できなくなったり、そのような不完全な自分を受け入れられなくなったりします。そして、本来ならばできたはずのプレーができなくなったり、うつ症状のような心理的不適応を引き起こすことさえあります。したがって、自分自身とどう向き合うのかという自己のタスクは、選手にとっても非常に重要な課題と言えるでしょう。

❺ スピリチュアルのタスク

スピリチュアルと聞くと、なんだか得体の知れない怪しいもののように受け止められがちですが、死生観や人生の意味を扱う課題がスピリチュアルのタスクです。本質的には、自己を超えた大きな存在や神聖なもの、宇宙などとの関係性をも含めたタスクになるのですが、あまり難しく考えずに、世界とその中に存在する自分自身との関係性を考える「世界との調和のタスク[3]」という視点で捉えると、私たち日本人には馴染みやすいのではないでしょうか。

競技スポーツにおいては、単なる勝敗という結果を超えて、自分が選手として生きていくことで、「他者や社会という世界にどのように貢献できるのか」「他者や社会という世界がより良くなるために、自分に与えられている使命は何なのか」といったことに目を向けていくことは、スピリチュアルのタスクと呼べるのではないかと考えています。

第8節 強みとしての特性とアドラー心理学

さて、第1章で、強みとしての特性を育むことの重要性を指摘しました。アドラー心理学の五つの基本的な考え方を理解することで、強みとしての特性を養うためのエッセンスを身につけることができると考えています。

人生には、身体的な劣等性や環境的な条件など、自分の力ではどうすることもできないことがいくつもあります。そのような中で、劣等感を原動力に変えて努力し、建設的な生き方を自分で選択する決心をすることとは、目標達成に向けて創造的な方法を探究する「創造性」、積極的に自ら学び、新しい知識を吸収する「好奇心」や「向学心」、エネルギーを伴って生きることを可能にする「熱意」の強みを身につける前提となるのではないでしょうか。また、努力をする過程で、大きな壁にぶつかることもあります。その時に、自分が用いてしまいがちな劣等コンプレックスや優越コンプレックスに気がつき、建設的な行動を選ぶことの大切さを知っていれば、困難や試練に直面した際に発揮される「勇敢さ」や、困難な課題であっても最後までやり遂げる「忍耐力」の強みの素地を養ってくれるでしょう。

過去の出来事に原因を求めるのではなく、目的論に基づいて、より良い未来のために自分が何をするのか、理想とする自分に少しでも近づけるようにどうしていくのかについて考えることは、長期的な視点から未来を見据える「思慮深さ」、人と卓越性を結びつける「審美眼」、良い未来のために努力する「希望」の強みを育むと考えます。劣等コンプレックスを使って言い訳をしたり、優越コンプレックスによる見せかけの優越性で劣等感を補償したりするといった非建設的な行動を選択するのではなく、理想とする「完全な自分」へ向かって少しずつ歩いている「不完全な自分」を受け入れて真摯に努力し続けることは、嘘偽りなく、自分の気持ちや行動に責任を持つ「誠実さ」や、自慢したり目立ったりすることを好まない「謙虚さ」の強みを生むかもしれません。

また、人間は誰でも「自分のメガネ」としての私的論理を持っているため、他者の考えや意見と相違が生じたり、対人関係上の摩擦が起きたりすることもあるでしょう。そのような時に、「自分のメガネ」の歪みに気づき、他者との関係に折り合いをつける方法を理解することは、あらゆる角度から吟味する「判断」、他者にとっても自分にとっても筋の通るモノの見方をする「見通し」、個人的な感情や私情に左右されて判断を曇らせることなく対応する「公平さ」、他者の失敗や間違いを許容する「寛容さ」の強みを備えることにつながるかもしれません。そして、「自分のメガネ」を外して、相手の目で見、相手の耳で聞き、相手の心で感じる力を高めることができれば、自分の感情や行為を必要に応じてコントロールする「自己コントロール」、他者や自分の心の動きを察する「社会的知能」の強みの発揮につながっていくかもしれません。

他者のために尽くしたり、助けたりする「親切心」、他者との関係性を大切にして双方向に思いやる「愛情」、共同体の中で人生の意味や意義を見出し、それに従って行動する「精神性」の強みを養うことは、アドラー心理学の重要な概念の一つである共同体感覚を育むことに他なりません。また、グループを励ます「リーダーシップ」や、自分の役割を担い、グループのために働く「チームワーク」も、共同体の繁栄や成長を協力して支えるために必要な共同体感覚の要素と言えるでしょう。そして、共同体感覚が、あらゆるものに対しての「感謝」や、他者を笑顔にする「ユーモア」の強みを育み、共同体をより良いものに発展させていくことができるでしょう。

それでは、アドラー心理学の知恵を取り入れて、強みとしての特性を磨き、建設的に生きていくためにはどうしたら良いのでしょうか。そのための方法を、第3章で見ていくことにします。

第9節 アドラー心理学が不適応と考えられるケース

最後に、アドラー心理学が適応しないケースもありますので、少し説明しておきたいと思います。まず、カウンセリングとサイコセラピー（心理療法）の目指すものの違いについて触れておきます。『最新心理学事典』[35]によれば、カウンセリングとは、多様な個人や集団が資源を活用して人間的に成長したり、遭遇する諸問題の予防と解決をしたりするための専門的援助活動を指します。一方、サイコセラピーは、心理的苦悩の改善やパーソナリティの変化を目的として実施されます。この二つの明確な線引きは難しいところがありますが、その意味合いは少し違っています。カウンセリングは原則として、人間的な成長を重視し、「臨床的問題のない対象者」を支援するものであり、カウンセラーと対象者が課題解決に向けて協働していくことを基本とします。一方のサイコセラピーは、「病理モデルに基づいた対象者」への支援を基本とし、セラピストとの対人的な交流を通じた治療を目指していきます。

アドラー心理学の考え方は、本質的には前者のカウンセリングの立場にあります。もちろん、アドラー自身はもともと精神科医であり、臨床的問題を有する人々を支援するアドラー派のサイコセラピストも数多く存在します。しかし、アドラーは、医学的訓練を受けていないとしても人は自分自身を助けることができるという信念のもと、アドラー心理学の理論的枠組みを誰にでも理解しやすいように体系づけてきました[15]。これが、アドラーが「セルフ・ヘルプ（自己啓発）の父」と呼ばれる所以でしょう。したがって、現在出版されているアドラー心理学の多くの一般向けの関連書籍を読んで、サイコセラピーを行うことができると考えることはリスクを伴います。アドラー心理学は、劣等感の補償と優越性の追求の過程で、社会や集団の中で困難を抱える人に向いていると考えられていますが、サイコセラピーの対象となるような個性が発育不全の人の場合、アドラー心理学の考え方はその人の個性を破壊することになりかねません[36]。

このような場合には、その状況に適したサイコセラピーや心理臨床学的アプローチが有用になる可能性があります。近年では、スポーツ心理学やアドラー心理学において、これらの知を折衷的に取り入れた分野が、学術的・実践的に体系化されています。目的や必要性に応じて、選手の臨床的問題と向き合う「臨床スポーツ心理学」や、アドラー心理学の理論的スタンスを基盤としながら、心理臨床学的アプローチを行う「アドラー臨床心理学」などの書籍を参照することをお勧めします。

そもそも、人間はみな一人ひとり違いますし、その心のありようは様々です。このことから、人間の多様かつ複雑な心をどのように理解し、向き合っていくのかということは、たった一つの理論で説明することは難しいと考えます。どの心理学の理論や技法が正しい、間違っているという視点ではなく、自分のニーズに一番適した考え方を自分なりの方法で取り入れ、実践することが大切であるということを覚えておいてください。

●文献リスト

（１）浅井 健史（２０１５）．アドレリアン・コンサルテーションの理論と実践　コミュニティ心理学研究，*19*（*1*），94-111.

（２）島井 哲志・有光 興記・マイケル・F・スティーガー（２０１９）．日本人成人の発達段階による人生の意味の変化―得点レベルと関連要因の検討―　健康心理学研究，*32*（*1*），1-11. https://doi.org/10.11560/jhpr.181206118

（３）向後 千春（２０１５）．今すぐ人生に効く９つのワーク アドラー“実践”講義 幸せに生きる 技術評論社

（４）Adler, A.（1931）. *What life should mean to you*. New York, NY: Little, Brown.
（アドラー，A. 岸見 一郎（翻訳）（２０１０）．人生の意味の心理学（上）アルテ）

（５）鈴木 義也・八巻 秀・深沢 孝之（２０１５）．アドラー臨床心理学入門 アルテ

（６）James, W.（1892）. *Psychology: The briefer course*. Mineola, NY: Dover Publications.

（７）Rogers, C. R.（1951）. *Client-centered therapy: Its current practice, implications, and theory*. Boston（MA）: Houghton Mifflin.
（ロジャーズ，C. R. 保坂 亨・諸富 祥彦・末武 康弘（翻訳）（２００５）．ロジャーズ主要著作集２ クライアント中心療法 岩崎学術出版社）

（８）Alfred, A,（1969, Original: 1928）．*The science of living*. New York, NY: Doubleday Anchor Books.
（アドラー，A. 岸見 一郎（翻訳）（２０１２）．個人心理学講義―生きることの科学 アルテ）

（９）高坂 康雅（２００８）．自己の重要領域からみた青年期における劣等感の発達的変化　教育心理学研究，*56*，218-229.

（10）川合 彩香（２０１４）．青年期における現実自己が抱く劣等感について―理想自己との比較・他者比較の観点から　龍谷大学大学院文学研究科紀要，*36*，147-162.

（11）Sponichi Annex（２００７）．【12月28日】１９６７年（昭42）西鉄投手だったジャンボ尾崎，退団申し出に球団社長キレる Retrieved from https://www.sponichi.co.jp/baseball/yomimono/professional_bbd0712/kiji/K20101201Z00003400.html（２０２０年２月14日）

（12）當山 貴弘・中須賀 巧（２０１９）．運動場面における劣等コンプレックスと運動有能感の因果関係の推定　２０１９年

度 笹川スポーツ研究助成、227–233.
(13) 岩井 俊憲（２０１１）．勇気づけの心理学 増補・改訂版 金子書房
(14) 松田 隆世・菅 千索（２０１８）．学生におけるセルフ・ハンディキャッピング行動と性格特性の関係について 和歌山大学教育学部紀要、*68*（*1*）、183–188.
(15) Mosak, H. H., & Maniacci, M. P.（1999）. *Primer of Adlerian psychology*. Oxfordshire: Taylor and Francis.
（モサック、H．H．& マニアッチ、M．P．坂本 玲子・キャラカー 京子（翻訳）（２００６）．現代に生きるアドラー心理学―分析的認知行動心理学を学ぶ 一光社）
(16) Frankl, V. E.（1977）…*trotzdem Ja zum Lben sagen: Ein Psychologe erlebt das Konzentrationslager*. München: Kösel-Verlag.
（フランクル、V．E．池田 香代子（翻訳）（２００２）．夜と霧―新版 みすず書房）
(17) Djokovic, N.（2014）. *Serve to win: The 14-day gluten-free plan for physical and mental excellence*. London: Corgi.
（ジョコビッチ、N．タカ大丸（翻訳）（２０１８）．ジョコビッチの生まれ変わる食事（新装版）―あなたの人生を激変させる14日間プログラム 扶桑社）
(18) 野田 俊作（１９８５）．アドラー心理学の基本前提（3）対人関係論 アドレリアン、*1*（*2*）Retrieved from http://adler.cside.ne.jp/database/002/002_01_noda.pdf（２０２０年2月29日）
(19) 野田 俊作（１９８４）．アドラー心理学の基本前提（2）全体論 アドレリアン、*1*（*1*）Retrieved from http://adler.cside.ne.jp/database/001/001_02_noda.pdf（２０２０年2月29日）
(20) 向後 千春（２０１７）．幸せな劣等感―アドラー心理学〈実践編〉小学館新書
(21) Banaji, M. R., & Greenwald, A. G.（2013）. *Blindspot: Hidden biases of good people*. New York, NY: Brockman, Inc.
（バナージ、M．R．& グリーンワルド、A．G．北村 英哉・小林 知博（翻訳）（２０１５）．心の中のブラインド・スポット―善良な人々に潜む非意識のバイアス 北大路書房）

（22）Adelson, E. H.（1995）. Checkershadow image ©1995. Retrieved from http://persci.mit.edu/gallery/checkershadow
（23）Baumeister, R. F., Bratslavsky, E., Finkenauer, C., &Vohs, K. D.（2001）. Bad is stronger than good. Review of General Psychology, *5* (*4*), 323-370. https://doi.org/10.1037//1089-2680.5.4.323
（24）相馬 正史・都築 誉史（２０１４）．意思決定におけるバイアス矯正の研究動向　立教大学心理学研究、*56*、45-58.
（25）Tversky, A., & Kahneman, D.（1983）. Extensional versus intuitive reasoning: The conjunction fallacy in probability judgment. *Psychological Review* ,*90* (*4*), 293-315. https://doi.org/10.1037/0033-295X.90.4.293
（26）中央審議会答申（２０１２）．新たな未来を築くための大学教育の質的転換に向けて—生涯学び続け、主体的に考える力を育成する大学へ Retrieved from https://www.mext.go.jp/b_menu/shingi/chukyo/chukyo0/toushin/1325047.htm（２０２０年2月23日）
（27）髙坂 康雅（２０１１）．共同体感覚尺度の作成　教育心理学研究、*59*、88-99.
（28）相川 充・吉野 優香（２０１６）．被援助者による第三者への向社会的行動の生起過程に関する検討　筑波大学心理学研究、*51*、9-22.
（29）久保 昂大（２０２０）．「大学運動部における感謝環境尺度」の作成と信頼性・妥当性の検討（未刊行修士論文）．九州大学、福岡
（30）浮田 徹嗣（２０１５）．性格に与える遺伝的要因と環境的要因に関する考察—心的現実の再発見—　横浜市立大学論叢人文科学系列、*66*（*3*）、23-39.
（31）野田俊作（監修）（１９８６）．アドラー心理学教科書　現代アドラー心理学研究会（編）ヒューマン・ギルド出版部
（32）Goodluck, K. U., & Gabriel, J. M.（2017）. Adlerian individual psychology counseling theory: Implications for the Nigeria context. *British Journal of Applied Science & Technology*, *10* (*6*), 1-9.
（33）Shulman, B. H., & Mosak, H. H.（1988）. *Manual for life style assesment*. Oxfordshire: Taylor and Francis.（シャルマン、B．H．&モサック、H．H．前田憲一（翻訳）（２０００）．ライフ・スタイル診断 一光社）
（34）内田 若希（２０１５）．パラアスリートのスポーツキャリアの段階に応じた心理・社会的課題と支援方略の検討 ２０１

5年度　笹川スポーツ研究助成、58–65.
(35) 内田 伸子・繁桝 算男・杉山 憲司（責任編集）（2013）．最新 心理学事典 平凡社
(36) 山竹 伸二（2016）．心理療法という謎―心が治るとはどういうことか 河出書房新社

第3章

アドラー心理学で心を整える

「日常使いの心理学」「実践の心理学」と称されるアドラー心理学は、日常生活の中で実践することで初めてその真価を発揮します。この章では、アドラー心理学の視点から、競技スポーツに役立つ心の整え方を見ていくことにします。言うなれば、「アドラー流心理的スキルトレーニング」といったところでしょうか。はじめに、自己理解を深める一助として、自分の「思考や行動のクセ」を知るために、みなさんのライフスタイルを診断していきます。その後、競技スポーツの中で直面しやすい課題への対処方法や、選手やチームを強くする勇気づけについて紹介していきます。ぜひ、机上の空論で終えることなく、みなさんの競技生活や日常生活の中に取り入れて実践し、役立てていただきたいと思います。

第1節 自分の「思考や行動のクセ」を知ろう

ライフスタイルのニックネーム

第2章で、他者との関係や人生に対する見方の中に反映される、その人独自の「思考や行動のクセ」をライフスタイルと呼ぶことを説明しました。このライフスタイルを知ることによって、より良い対人関係を築いたり、より豊かに生きたりするためのヒントを得ることができます。自分のライフスタイルを知っておくことは、競技スポーツに取り組む上でも有用だと思います。

みなさんは、自分や他者の性格やパーソナリティを理解しようとする際に、「○○のタイプの人には、△△の傾向や特徴が見られる」といった具合に、典型的なタイプに当てはめて考えた経験がありませんか。真面目で細かいことを気にする人を見ると「あの人はA型っぽい」と思ったり、逆にあまり細かいことを気にせず大雑把な人に対しては「この人はきっとO型だな」と考えたりするのは、その一つの例でしょう（ただし、血液型と性格に関連がないことは、心理学の多くの研究で実証されています[1]）。競技スポーツであれば、練習ではできていたプレーを試合で発揮できない選手は「本番に弱いタイプ」とみなされますし、逆境やここぞという重要な場面で力を発揮する選手は「ピンチやチャンスに強いタイプ」と言われたりします。

このように、性格やパーソナリティをタイプに分類することで、自己理解や他者理解がなんとなくできたような気になってしまうものです。しかし、アドラーは、人間を特定のタイプに分類することに反対する立場をとりました。なぜなら、アドラー心理学は、「人間は一人ひとりが異なるユニークな存在である」とする個性記述性を重視する学問であり、ライフスタイルは人によって多様だからです。言い換えれば、人間の数だけ、無数にライフスタイルがあると言っても過言ではありません。

しかし、何の分類もないままだったら、アドラー派のカウンセリングで用いられるライフスタイル分析などを専門的に学んでいるカウンセラーならともかく、一般の人々には曖昧模糊としたた理解しにくいものになってしまいます。第2章で述べたとおり、アドラー心理学は誰にでも理解しやすいように体系づけることを目指した学問ですから、ライフスタイルを一般の人々にもわかりやすく説明する必要がありました。そこで、ある一定の「枠組み」としてタイプ別に分ける試みがなされました。このライフスタイルのタイプのことを、アドラー心理学では「ニックネーム」と呼んでいます。本章では、長きにわたって多くのアドラー派のカウンセラーを育成してきた岩井俊憲氏（ヒューマン・ギルド代表）が作成した「ライフスタイル診断[2]（**表3‐1**）」を紹介し、実際にみなさんのライフスタイルを探ってみたいと思います。

さて、みなさんのライフスタイルを診断する前に、いくつか留意事項を記します。まず、前述したとおり、ライフスタイルのニックネームは、人間をタイプに分類するためのものではなく、自己理解や他者理解を深めるためのあくまで「枠組み」にすぎません。ですから、一つのニックネームだけが完璧にピタリと当てはまるのではなく、いろいろなニックネームの組み合わせであることがほとんどです。そこで、必要に応じて、複数のニックネームを参照するようにしてください。また、アドラー心理学の認知論の考え方に鑑みると、自分で自分自身のライフスタイルを自己分析することは、基本的には不可能なのです。なぜなら、私たちは過去の体験や記憶、価値観などによって作られた、独自のものの見方や考え方である「自分のメガネ」を通して世界を見ているからです。この「自分のメガネ」をかけたまま「自分のメガネ」を分析したら、二重メガネになって何がなんだかわからなくなってしまうでしょう[3]。したがって、もし可能であれば、信頼できる親しい他者と一緒に読んで、考えてみることをお勧めします。

前置きが長くなりましたが、早速、みなさんのライフスタイルを実際に診断していくことにしましょう。

エクササイズ　あなたのライフスタイルは？

❶まずは、直感で答えてください

115ページにある**表3-1**の30個の質問に対して、「はい」「どちらとも言えない」「いいえ」のいずれかの欄に○をつけてください。回答欄に書いてある数字や、右側にある文字（イ、ロ、ハ、ニ、ホ、ヘ）は後ほど集計で使いますが、回答の際には気にする必要はありません。また、正解や不正解はありませんので、自分自身の直感を大切にして答えてください。

❷点数を集計しましょう

回答が終わったら、点数を集計していきましょう。「はい」は4点、「どちらとも言えない」は2点、「いいえ」はゼロ点で集計します。そして、右側のボックスに書いてある「イ」「ロ」「ハ」「ニ」「ホ」「ヘ」ごとに、点数の合計点を計算してください。それぞれの点数を算出したら、116ページのグラフに各点数を記入してみましょう（**図3-1**）。

❸あなたのライフスタイルのニックネームは？

みなさんは、「イ」「ロ」「ハ」「ニ」「ホ」「ヘ」のうち、どの点数が高かったでしょうか。点数の高かったものが、みなさんのライフスタイルの特徴になります。それぞれのライフスタイルの

No	項　目	は　い	どちらとも言えない	いいえ	
18	「人は人、自分は自分」という意識が人一倍強い。	4	2	0	ヘ
19	人が自分の期待に応えてくれないと腹を立てて攻撃しがちである。	4	2	0	イ
20	人が自分を保護してくれるのは自分が弱い人間だからだと思う。	4	2	0	ロ
21	この世は結局、競争だと思う。	4	2	0	ハ
22	どちらかというと慎重なタイプで、失敗を人一倍恐れている。	4	2	0	ニ
23	規則に縛られるのは居心地が悪く、退屈なことだと思う。	4	2	0	ホ
24	自分が一番避けたいのは、自分自身でストレスを背負い込むことだ。	4	2	0	ヘ
25	自分が人々の注目の的であったり、話題の中心人物であったりすると満足だ。	4	2	0	イ
26	周囲の人の機嫌が悪いと、自分の責任のような気がする。	4	2	0	ロ
27	ふだんは自分を有能だと思っているが、時々無力感にひたることもある。	4	2	0	ハ
28	文章を何度も書き直したり、読み返したりしないと気になって仕方がない。	4	2	0	ニ
29	お祭りやイベントがあるとやたらと興奮するタイプだ。	4	2	0	ホ
30	仕事についてさほど高いパオーマンスを目指さない。	4	2	0	ヘ

*1）「仕事」は、必要に応じて「取り組む必要のある課題（練習、宿題など）」に置き換えて回答しても良いでしょう。

*2）選手であれば、「上司」を「監督・コーチ」などに置き換えて回答しても良いでしょう。

＊それぞれの合計

イ	ロ	ハ	ニ	ホ	ヘ

表3-1 ライフスタイル診断シート（許可を得て転載，©2014，岩井[2)]）

No	項目	はい	どちらとも言えない	いいえ	
1	愛情の証は、何と言っても物とか金額の授受で示されるべきものと思う。	4	2	0	イ
2	何かあるたびに誰かが手助けしてくれることを期待している。	4	2	0	ロ
3	意識しないうちに他者に対して支配的になったり、高圧的になったりしていることがある。	4	2	0	ハ
4	きちんとしたルールとか手順が定まっていないと安心して仕事*1 ができない。	4	2	0	ニ
5	大きなことを夢見たり、企てたりすることが多い割には実行が伴わない。	4	2	0	ホ
6	上司*2 からの評価や賞賛をあまり期待しない。	4	2	0	ヘ
7	友達づくりはうまいが、どちらかというと長続きしない。	4	2	0	イ
8	他の人から無視されるのは、とてもこわい。	4	2	0	ロ
9	人の意見をじっくり聞いて仕事を進めるよりも、自分のペースで取り組みたい。	4	2	0	ハ
10	約束した時間はどんなことがあっても守らなければならないと思う。	4	2	0	ニ
11	仕事は興味があるとすぐ手をつけるが、そうでなければギリギリまで手をつけない。	4	2	0	ホ
12	周囲はどうあれ、与えられた仕事が終わったら自分の時間を大切にしたい。	4	2	0	ヘ
13	自分の利害損失をとても気にする。	4	2	0	イ
14	どちらかと言えば甘やかされて育ったほうだ。	4	2	0	ロ
15	何もしないでボーッとしているのが苦痛である。	4	2	0	ハ
16	人づき合いはあまりベタベタしないほうが良い。	4	2	0	ニ
17	みんなで騒ぐのが好きで、途中で我を忘れてしまうことがある。	4	2	0	ホ

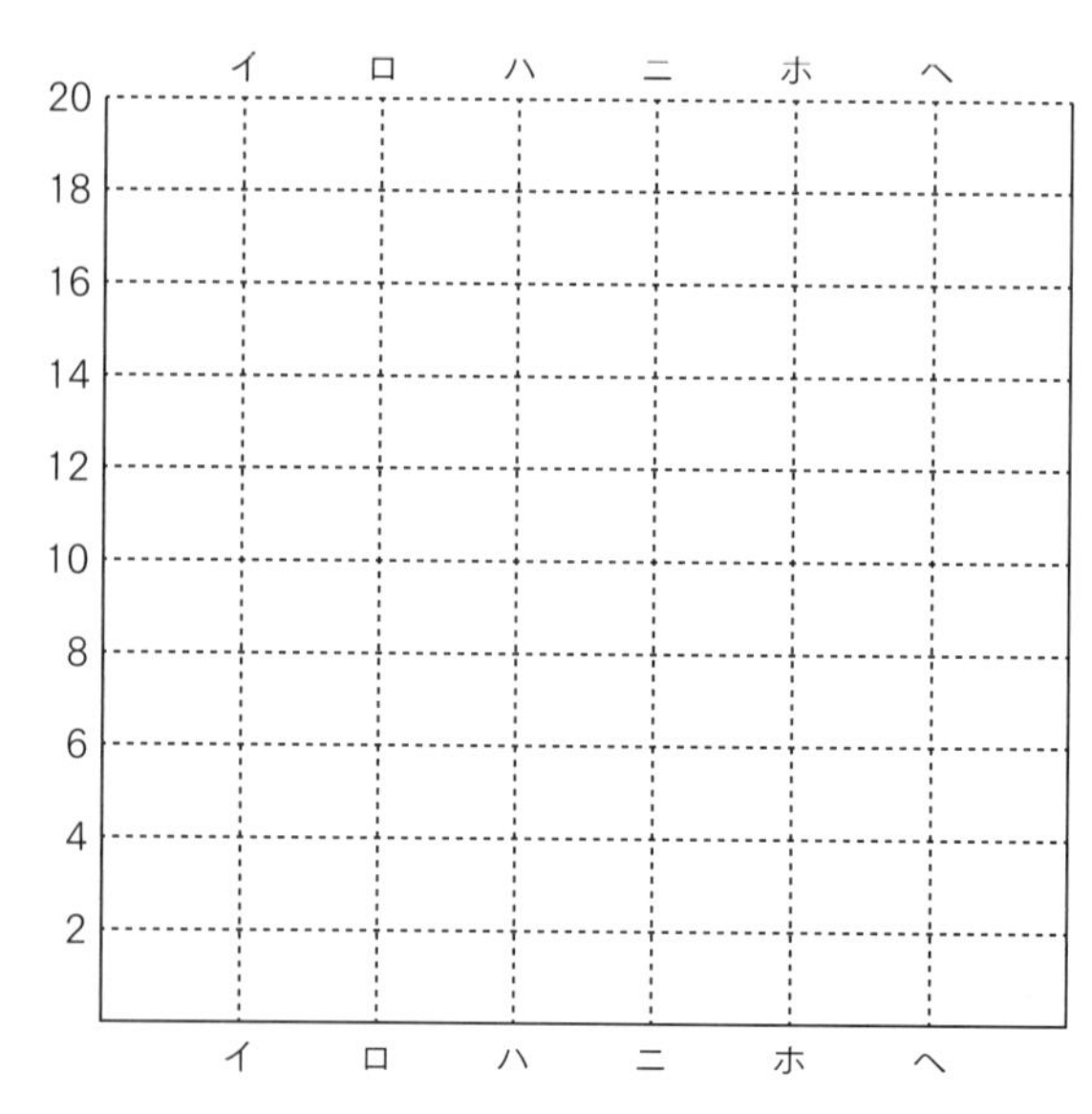

図3-1　ライフスタイル診断集計シート（許可を得て転載，©2014，岩井[2)]）

ニックネームは、次のようになります。

イ……ゲッター（欲張りタイプ）
ロ……ベイビー（赤ん坊タイプ）
ハ……ドライバー（人間機関車タイプ）
ニ……コントローラー（自己抑制タイプ）
ホ……エキサイトメント・シーカー（興奮探しタイプ）
ヘ……アームチェアー（安楽タイプ）

もし、突出して高い点数があれば、それがみなさんのライフスタイルをもっともよく反映しているニックネームと言えます。しかし、実際にはいずれか一つのタイプだけが高くならず、いくつかのタイプの点数が同じであったり、僅差であったりすることがほとんどだと思います。その場合には、一つのニックネームだけに完全に合致するというよりは、それぞれの要素が多かれ少なかれ自分の中に混在していると理解しておいてください。

ニックネームの特徴

それでは、チェックしたライフスタイルのニックネームの特徴を見ていきましょう。点数が同じくらいに高いものがある場合には、それらすべてのタイプに目を通してみてください（なお、本書では、岩井[2]、モサック&マニアッチ[4]、および野田[5]のライフスタイルの解説を援用しながら説明していきます）。

また、第2章において、「思考や行動のクセ」であるライフスタイルは、自己概念、世界像、および自己理想で構成されており、「私は……、他者は（人生は／世界は）……、だから……」という公式にまとめられることを述べました。以下では、このことも踏まえながら説明していくことにします。

❶ゲッター（欲張りタイプ）

ゲッターの特徴は、一言でまとめるなら「他人のものは自分のもの」という権利主張型です。ゲッターは、他者の利害にはあまり関心を持たず、自分にとって何が得になるのかという損得勘定で考えて行動する傾向にあります。言い換えるなら、ギブ・アンド・テイクのうち、テイクばかりを求めているのです。

ゲッターの自己理想は、「他者は私に奉仕してくれるのが当然だ」というものです。しかし、その背景には、「自分には能力がなく、自分自身でライフタスクに取り組むことは困難だ」という自己概念を有しており、自己評価は基本的に高くありません。また、ゲッターは、子どもの頃に何らかのライフタスクに直面した時に、親が何でもサポートしてくれて、自分で苦労して解決する体験をほとんどしていなかったり、ほしいものを何でも与えてもらった経験が多かったりします。このため、「私は能力が低く、自分の力で課題や問題に対処するのは難しい。そして他者は、私が必要なことをしてくれる存在である。だから、他者は私に奉仕してくれるのが当然だ」というライフスタイルの公式を持つ傾向にあります。また、「愛情＝サポートや物を与えてもらうこと」と思い込んでいることもあり、他者が自分の期待や要求に応えてくれないと、「自分のことを愛してくれていない」「自分のことを大切にしてくれていない」と受け止め、腹を立てて攻撃したり、逆にひどく悲しんで見せたりして、他者をコントロールしようとすることがあります。

一般的に、他者との親密な関係性を築くのは下手ではないのですが、「この人は、自分にどんな良いことをしてくれるのか」という視点で他者を評価し、その一方で、自分は他者に対して貢献しようとしないため、対人関係に支障をきたしがちです。

ゲッターは、人が互いを思い合う共同体感覚が希薄なことが多いので、たとえば競技スポーツにおいても、自分が選手として強くなったり、試合で勝ったりするために、他の選手や指導者が自分に何を与えてくれるのかという姿勢になりがちです。自分の利益になることだけに目を向けたり、権利を主張したりすることは控えめにして、チームの仲間から信頼を得るような行動を意識することが肝要です。

また、指導者においては、チームの中にゲッターの傾向が認められる選手がいる場合、その選手が他者やチームに貢献する機会を設けたり、適切な行動に注目を与えたりすることで、その選手自身が「自分はできるのだ」という有能感（自分の能力に対する自信）を高めていけるような声かけを行うことも必要です。適切な有能感は、難易度や責任のレベルがより高い課題を遂行したいという未来志向的な意欲を掻き立てるものであり[6]、他者からの奉仕やサポートに頼りがちな選手の自立を促すことにもつながるでしょう。

❷ベイビー（赤ん坊タイプ）

ベイビーの特徴は、他者の顔色をうかがい、好かれようとする依存型であることです。他者の顔色を見たり、状況に合わせたりすることが得意で、言うなれば「空気を読むのが得意」な人でもあります。

ベイビーは、「私は弱く、無力で、何もできない」のように、自己評価が非常に低い傾向にあります。また、ベイビーは、能力の発揮や努力をした時よりも、自分の弱さや人懐っこさなどを示した時に評価された経験を重ねていることも多いです。このため、何らかのライフタスクに直面した際に、自分から積極的・能動的に取り組むことをせず、他者を頼りにしたり、当てにしたりしがちです。ライフスタイルの公式としては、「私は弱く、無力で、何もできない。人生には困難もあるけれど、私が弱さや人懐っこさ、かわいらしさを見せることで、他者は私に注意を向けたり、サポートしたりしてくれる。だから、私は、それらをアピールすることで、いつも他者から保護されていたい」のようになります。

前述のゲッターとベイビーは、他者からの奉仕やサポートを期待するという点においては似ていますが、ゲッターは「他者が奉仕するのは当然」で、それを得ることで自分の利益にしようとするのに対し、ベイビーは保護してほしいと思いつつもそれを当然とは思っておらず、自分の弱さやかわいらしさを使うことで、他者が「保護してあげたい」と思うようにコントロールする傾向にあります。そのためベイビーは、他者からの注目や関心、愛情などが思うように得られないと、癇癪や拗ねるなどの行動によって、相手の哀れみを誘ったり罪の意識を刺激したりして、最終的にはなんとしてでも他者を自分に奉仕させようとしがちです。

ベイビーの特徴が見られる選手は、監督やコーチ、チームメイトの顔色をうかがったり、その場の空気を読んだりするのが得意ですので、チーム内においては場の雰囲気を明るくしたり、(自分に注意や好意を向けてもらうという目的がありつつも) ギブ・アンド・テイクの精神で他者と関わろうとするため、一見すると何も摩擦が生じないように見えます。しかし、裏を返せば嫌われることを怖れ、孤立することに恐怖を抱いていたり、他者に好かれるために「ノー」と言うことができなかったりするのです。相手がどう思うかを考えすぎてしまい、自分の気持ちを抑え込んでばかりいると、チーム内の揉めごとを避け、その場をおさめることは得意な反面、自分の気持ちを抑え込むことにストレスを感じたり、自己否定的になったりすることも起こりえます。(7)

このことから、共同体感覚の要素である「現在の自分自身を肯定的に受け入れることができている感覚」や、「他者に対して主体的に貢献することができている感覚」を養うことが必要かもしれません。ベイビーの傾向がある選手に対しては、「人から嫌われることもある」という考え方を受け入れる勇気を育んだり、その人の能力を（さらに言えば、その人自身を）認めていることを言葉で伝えることで、みなと協力して向上したり、自分自身で逆境を切り抜けられるようにサポートすることが重要でしょう。

❸ドライバー（人間機関車タイプ）

ドライバーは、自分が掲げた理想や目標に向かって努力しようとする、典型的な頑張り屋の猪突猛進型です。いわゆる「仕事中毒（ワーカホリック）」「タイプA行動パターン」と呼ばれる人たちで、成功すること、勝つこと、称賛を得ることなどを常に念頭において行動しています。そして、いつも一番になろうとしたり、中心人物になろうとしたりする傾向があります。一方で、人間機関車のように、理想や目標に向かって走り続けるドライバーは、何もやることがないと不安になったり、意味や価値を見いだせないと判断した物事に取り組む際には、集中できなくなったりイライラしたりすることもあります。

ドライバーは、「〜の分野において」「努力している場合に限って」のような限定条件がつくものの、「私は有能である」という高い自己評価を有していることが多いです（ただし、「私は本当にダメな人間だ」と捉えている場合もあります）。そして、「人生は競争だ」という世界像を持ち、他者との関係性が競合的になったり、他者に対して支配的・攻撃的・高圧的になったりしやすい傾向があります。ドライバーのライフスタイルの公式は、「私は有能であり、そして人生は競争だ。だから、私はいつも他者より優越していなければならない（優越していたい）」といったものになります。

ドライバーの特徴を備えた選手や指導者がチームを主導している場合、良くも悪くも能動的・活動的なので、「自分がやらなきゃ誰がやる」という気質を持ち、強烈なリーダーシップを発揮します。そして、ドライバーが必死に練習して勝利のために奮闘することは、チームのメンバーを助け、支えとなるものです。しかし、ドライバーは、他者との関係性を競争や勝ち負けで捉えたり、「何を、いつ、いかにうまく成し遂げたか」という判断軸で自分や他者を評価したりするため、チームのメンバーが疲弊してしまうことが起こりえます。また、心の中に何らかの空虚感や不安があり、それを打ち消すためにひたすら努力を重ねていたり、良いところを見せて他者に気に入られるために気負いすぎていたりすることもあり、ドライバー自身も知らず知らずのうちに無理をしていることがあります。

さらに、ドライバーに見られる成功への持続的で強い欲求や、競争を好んで物事に熱中する特性は、「タイプA行動パターン」と呼ばれ、スポーツ障害と関係があることもわかっています。[8]

スポーツ障害は、競技からの離脱を伴い、スポーツキャリアの停滞にもつながりかねません。一昔前に、車の運転者が陥りやすい「焦り」を戒めるための「狭い日本、そんなに急いでどこへ行く」という交通標語が流行したことがありますが、この言葉はドライバーにとっては今でも有益な教訓と言えます。ドライバータイプの人は、時に「そんなに急いでどこへ行く」と自分自身に言い聞かせることが大切でしょう。

また、ドライバーは、他者の意見をあまり聞き入れず、自分のやり方や意見を押し通す傾向もあります。ドライバーの特徴を持つ人はリーダーシップを発揮すると前述しましたが、そもそもリーダーシップとは、信じてついていっても良いと思える人に、フォロワーたちが自発的に喜んでついていこうと思う気持ちを原動力として、チームを動かしていく方法のことです[9]。その大前提となるのは相互のコミュニケーションであり、これを抜きにして自分のやり方や意見のみを他者に強要してしまえば、人はついてこないということを心の片隅に留めておいてください。

なお、ドライバーの典型的な複合タイプには、ドライバー＋ゲッターの「ゴー・ゲッター（やり手タイプ）」と、ドライバー＋ベイビーの「プリーザー（喜ばせ屋タイプ）」があります。ドライバーとゲッターの特徴が混在するゴー・ゲッターは、他者からの注目や関心、権力、金銭を求めて頑張るタイプです。このような選手は、外発的動機づけに基づいて競技に取り組んでおり、結果や順位といった結果目標に固執し、思うような結果が得られないとやる気をなくしがちです。

一方、ドライバーとベイビーの傾向を併せ持つプリーザーは、「他者から好かれたい」と考えており、好かれるためにはどんなことでもしようとする傾向があります。ベイビーに近い思考や行動パターンなのですが、ドライバーの要素が混在していることから、他者から好かれるために（嫌われないために）「積極的に努力する」という点が特徴的です。プリーザーは、周囲の人々からの評価や反応で自分の価値を決めがちで、他者の機嫌が悪いと自分に問題があるのかと思ったり、逆に機嫌が良いと安心したりする傾向があります。このため、監督やコーチ、チームの主要人物など特定の人に対して顕著に「好かれたい行動」を取ることがあり、それを見たチームメイトなどからの信頼を失うことがあります。ゴー・ゲッターやプリーザーの傾向がある選手に対しては、スポーツに取り組むこと自体の価値や、自分自身の満足感や楽しみなどのような内的な要因への気づきを高めることが大切になるでしょう。

❹コントローラー（自己抑制タイプ）

コントローラーと聞くと、「他者をコントロールするタイプ」と考える人が多いのですが、アドラー心理学におけるコントローラーは、「自分自身をコントロールして抑制する」という意味合いになります。コントローラーの特徴を端的にまとめると、失敗を恐れる完全主義型と言えるでしょう。コントローラーは、あまり感情を表にださず、クールな印象を与えることが多いのですが、自分をコントロールして必死に感情を押さえ込もうとしていることも往々にしてあります。

コントローラーの自己理想は、「私は失敗してはならない」「私は失敗したくない」という消極的なものであり、そこに「常に」「絶対に」という言葉がつくことが多いようです。この失敗を回避しようとする背景には、コントローラーが「私は失敗しやすい」のように、自分の不完全性に注目した自己概念を持ちやすく、失敗することで他者からの評価を下げたくない（もしくは、失敗しないことで他者から評価されたい）という目的に向かって行動を選択することがあります。このため、「私は不完全であり、失敗しやすい。失敗すると、他者から評価されたり受け入れたりしてもらえない。だから、私は絶対に失敗してはならない」というライフスタイルの公式を持つ傾向にあります。

先に紹介したドライバーとコントローラーは、まったく別のライフスタイルのように思えますが、実はいくつかの共通点があります。それは、両者ともに完全主義的な傾向があること、他者と競合的であること、そして他者からよく見られたいと思っていることなどです。しかし、ドライバーの自己理想が、成功すること、勝つこと、称賛を得ることを目指すものであるのに対し、コントローラーは失敗したくない、負けたくない、けなされたくないという消極的な自己理想を有していることが大きな違いになります。一言でまとめると、ドライバーは「勝ち取ろう」とし、一方のコントローラーは「失うまい」とするのです。

なお、ドライバーとコントローラーの傾向が両方とも強い場合、「私は（常に、すべてにおいて）完全であらねばならない」という自己理想を持つ「パーフェクショニスト（完全主義タイプ）」というニックネームがついています。パーフェクショニストは、自分が思い描く理想や設定した目標を目指して、完璧でありたいと思いながら頑張る（時に、頑張りすぎる）人です。また、完璧な結果でなければ意味がないと考えたり、どんなにベストを尽くしたとしても内容に満足していないことが多く、妥協することや曖昧な状態を受け入れることが苦手で、自分にも他者にも厳しくなりがちです。このようなパーフェクショニストの傾向を有する選手は、物事を「勝ったか負けたか」「ゼロか一〇〇か」で捉える二分法的な思考に陥りやすく、バーンアウトなどの不適応状態に発展する可能性があることもわかっています[10][11]。

コントローラーは、失敗することや取り乱すことなどを恐れているため、過度に慎重で時間をよく守り、自分の所属する組織・社会における秩序やルールにも従います。このため、コントローラーの傾向がある選手は、取り組むべき練習メニューが決まっていると、それに地道に取り組み、コツコツと成果を積み上げることが得意です。また、その場にふさわしく、一般的に正しいとみなされる服装を選んだり、社会のモラルを遵守しようとしたりするので、模範的な選手とみなされることもあるかもしれません。一方で、秩序やルール、定まった手順などのような決まりごとに従うことで安心するため、杓子定規で臨機応変に振る舞えず、突発的な出来事への対応は苦手なことが多いのも特徴の一つです。

勝敗が常に問われる競技スポーツにおいて、最終的に栄光を手に収めるのはたった一人だけですから、負けたことがない選手などおそらくいないはずです。また、みなさんは、自分のパフォーマンスを高めるために努力する中で、失敗を重ねながらも前進してきた経験があるのではないでしょうか。しかし、「ミスや失敗によって自分の評価が損なわれるから、失敗してはならない」

と考えるコントローラータイプの選手は、たった一度の失敗であっても「何をやっても自分はダメなのだ」と結論づけたり、自分のネガティブな側面だけに目を向けてポジティブな側面を見落とすといった思考を助長させたりしやすく、結果的にパフォーマンスを停滞させる可能性があります。[12] それだけでなく、競技スポーツに対して高い目標を掲げ、それを達成するために努力する過程において、ミスや失敗を回避しようとすることによってさらにミスや失敗を過剰に気にするという悪循環に陥り、抑うつ傾向や無力感に苛まれるかもしれません。[12]

「失敗は成功のもとだから、どんどん失敗したら良いのだ」という言葉を耳にすることもありますが、コントローラーの特徴を有する選手にとっては、あくまでも失敗は脅威であり、失敗体験を肯定的に捉え直すことに困難を伴います。「失うまい」とするコントローラーには、失敗やミスをしても、他者からの評価が下がらないことをいかに理解してもらうかがポイントになります。そのためには、結果ではなくそこに至るまでのプロセスを重視し、どんな練習を積み重ねてきたのか、それによってどのような変化や成長があったのかに目を向けられるように、指導者やチームメイトからの声かけ・フィードバックが大切になります。そして、勝利だけがすべてではないという競技の魅力や自己成長のための目標を、自分の内側にしっかりと根づかせていくことが必要でしょう。[13]

また、第2章で、いつでも人は理想とする「完全な自分」へ向かって少しずつ歩いている道のりの途上におり、その途上にいる不完全な自分を受け入れる「不完全である勇気」について説明をしました。コントローラーの特徴を有する選手は、時には自分の不完全さを許すこと、そして不完全であるからこそ努力を重ねることができるのであり、それを続ける限り、他者からの評価が損なわれることはないことを心に留めてほしいと思います。

❺エキサイトメント・シーカー（興奮探しタイプ）

エキサイトメント・シーカーは、非常に好奇心が旺盛で、良いと思ったらすぐに飛びつきます。しかし、勢いがあるのは最初だけで、途中から気が乗らなくなったり、飽きっぽかったりする傾向があります（竜頭蛇尾型）。イベントやお祭りごとが大好きな人が多いのも、その特徴の一つです。

エキサイトメント・シーカーの自己概念は、「私は、本当はダメな人間だ」という前提があり、その上で「エキサイティングな状況にいる時だけ幸福だ」と考えています。そして、「まともな人生は退屈だ」という世界像を発達させていることが多く、規則に縛られることを嫌い、普通の生活や決まりきった仕事は退屈だと感じています。エキサイトメント・シーカーにとって、退屈は最大の敵なのです。ライフスタイルの公式としては、「私は、エキサイティングな状況にいる時だけ幸福を感じられる。そして、ありきたりで平凡な日常など退屈だ。だから、私はいつも楽しく興奮していたい」のようになります。

エキサイトメント・シーカーは、経験する内容や自分と関わる他者の内面よりも、それが自分にとって刺激的であるかどうかを判断の軸に据えています。エキサイトメント・シーカーが建設的な方向にいくと、持ち前の遊び心でユニークな発想をしたり、新しい物事を探求・創造したりして、可能性を求めて努力することができるため、冒険的な人生を送っていきます。一方で、非建設的な方向へいくと、単に快楽や刺激、高揚などをどんな手段を使ってでも求めていきます。たとえば、ドラッグに手をだしたり、ギャンブルやケンカに明け暮れたり、その他の危険な行動やスリルを伴う行動に走ったりすることもあります。

エキサイトメント・シーカーの特徴が見られる選手が建設的に行動している場合、古い考えや慣習に囚われることなく、新しい創造的なアイディアをだしたり、従来のやり方にはない斬新な方法を探求したりして、パフォーマンスの改善や新しいスキルの獲得に向けて創意工夫を凝らす努力を惜しまないでしょう。そして、「この新しい練習によって、どんなプレーができるようになるのだろう」「次の試合で、どんな成果につなげることができるだろう」というワクワクした気持ちが、さらにエキサイトメント・シーカーを突き動かす原動力としての興奮・刺激になるはずです。このような場合、周囲の選手や指導者は、エキサイトメント・シーカーの選手が発信するアイディアに耳を傾け、尊重してあげることが大切です。

しかしながら、勝利の美酒に酔いしれたり、活躍して他者から称賛を浴びたりすることによってのみ高揚感を得られると考えていると、「たとえどんな手段を使っても、勝てば良い」という非建設的な方向へ進む危険性があります。パフォーマンスの中身やプロセスではなく、「勝利だけを求め、勝ち方はどうでも良い」「自分の活躍を見せつけたい」といった考え方がドーピング行動を誘発することも指摘されており[14]、この点からも注意が必要です。

また、エキサイトメント・シーカーは、興奮や刺激を求めているため、能力不相応な計画を立てて周囲をさんざん騒がせるわりに、実際にはやらずに終わることもしばしばです。そして、周囲を混乱させるだけでなく、最終的には自分自身でも訳がわからなくなっている場合もあります。競技スポーツにおいて、エキサイトメント・シーカーの傾向がある選手は、技術面、体力面、および心理面における自分自身の課題をしっかりと分析し、その上で適切な目標設定を行ったり、定期的に目標を見直したり（必要に応じて指導者からフィードバックを受けたり）するように心がけると良いと思います。そして、試合後の反省において、「勝ち」「負け」という結果のみで評価するのではなく、自分のパフォーマンスの内容を振り返って改善点を探求し、次の試合に向けて自分がワクワクするような練習メニューを再考すると良いでしょう。

❻アームチェアー（安楽タイプ）

アームチェアーは、面倒なことや苦労すること、責任を引き受けること、他者から期待されることを極力避けようとする自分本位なタイプで、言うなれば「マイペースがモットー」の安楽型です。基本的に、自分なりの世界を持っており、周囲の動きに巻き込まれることを好まない傾向があります。

アームチェアーは、「マイペース」「自己中心的」のような自己概念が活性化しており、そのライフスタイルの公式は私はマイペースを好む。だから、私は楽をしていたい」のようなものになります。アームチェアー自身の能力が低いわけではなく、周囲には「本気になればもっと力を発揮できるのに」というイライラ感を与えることもありますが、本人はまったく意に介さずにゴーイング・マイ・ウェイを貫きます。このため、他者からは、「何を考えているのかわからない」と思われがちです。

アームチェアーの傾向のある選手は、「気合いで行こう！」「みんなで協力し合って乗り越えよう！」といった、いわゆる体育会的な風潮に対して冷ややか態度を示すため、ともすればチームの雰囲気を壊しかねません。キャプテンのようなリーダーとして、チームを引っ張る立場になることを好まないのは本人の自由ですが、チームという集団に所属している限り、メンバーがそれぞれに与えられた役割を遂行し協働することの大切さを理解しておく必要はあるでしょう。また、指導者は、アームチェアータイプの選手に対して、その選手の得意な領域を見定めた上で内容を絞って役割を与え、その役割を遂行していることへの感謝を伝えることで、共同体感覚の育成につながるようにすると良いでしょう。

ここまで、六つのライフスタイルの特徴について見てきました。**表3-2**に、それぞれの特徴についてまとめておきます。

これらのライフスタイルには、どれが良くてどれが悪いといった優劣はありません。それぞれのライフスタイルに、長所もあれば短所もあります。また、ライフスタイルは固定的なものでは

コントローラー（自己抑制タイプ）	エキサイトメント・シーカー（興奮探しタイプ）	アームチェアー（安楽タイプ）
失敗を恐れる完全主義型	**好奇心旺盛だが飽きっぽい竜頭蛇尾型**	**マイペースがモットーの安楽型**
＊私は失敗してはならない（「常に」「絶対に」という言葉がつくことが多い）	＊私はいつも楽しく興奮していたい	＊私は楽をしていたい、安全でいたい
＊「私は失敗しやすい」のように、自分の不完全性に注目しやすい	＊「私は本当はダメな人間だ」と捉えていることが多く、「エキサイティングな状況にいる時だけ幸福だ」と感じている	＊「マイペース」「自己中心的」のような自己概念が活性化している
＊あまり感情を表に出さず、クールな印象を与えることが多い（ただし、必死に感情を抑え込もうとしていることもある） ＊「失敗しないこと」「負けないこと」「けなされないこと」などが行動の前提にある ＊過度に慎重で、たえず失敗しないかを恐れている ＊時間をよく守り、秩序やルール、社会的規範（正しい服装、社会のモラルなど）に気を配る ＊杓子定規で臨機応変に振る舞えないため、突発的な出来事への対応が苦手である（定まった手順やスケジュールなどがあると安心する）	＊好奇心が旺盛だが、勢いがあるのは最初だけで、途中から気が乗らなくなる傾向がある ＊イベントやお祭りごとが大好き ＊規則に縛られることを好まず、普通の生活や決まりきった仕事は退屈だと感じている ＊新しい物事を探求したり創造したりして、可能性を求めて努力する ＊能力不相応な計画を立て、周囲をさんざん騒がせるが、実際にはやらない ＊周囲を混乱させるだけでなく、自分自身でも訳がわからなくなることが多い	＊面倒なことや苦労すること、他者から期待されることを避けたり、責任の重いことを引き受けたがらない ＊自分なりの世界を持っており、周囲の動きに巻き込まれることを好まない ＊周囲に「本気になればもっと力を発揮できるのに」というイライラ感を与えるが、本人は意に介することなくゴーイング・マイ・ウェイを貫く ＊他者からは「何を考えているのかわからない」と思われがち

表3-2　六つのライフスタイルとその特徴

ニックネーム	ゲッター（欲張りタイプ）	ベイビー（赤ん坊タイプ）	ドライバー（人間機関車タイプ）
特徴	「他人のものは自分のもの」タイプの権利主張型	他者の顔色をうかがい好かれようとする依存型	典型的な頑張り屋の猪突猛進型
理想の状態	＊他者は私に奉仕してくれるのが当然だ	＊私はいつも他者から保護されていたい	＊私は優越していなければならない（「常に」「すべてにおいて」「すべての人より」という言葉がつくことが多い）
自分自身の捉え方	＊自己評価は高くなく、「自分には能力がないので、自分自身でライフタスクに取り組むことは難しい」と考える傾向にある	＊「私は弱く、無力で、何もできない」のように、自己評価が非常に低い	＊「私は有能である」のように、自己評価が高いことが多い（ただし、「～の分野において」「努力している場合に限って」のように、限定条件がつく） ＊逆に、「私は本当にダメな人間だ」と捉えている場合もある
思考や行動の傾向	＊ギブ・アンド・テイクのうち、テイクの要素が強く、他者の利害には関心がない ＊「何が自分の得になるのか」という損得勘定で判断しがち ＊他者が自分の期待に応えないと、腹を立てることもある ＊「この人は、自分にどんな良いことをしてくれるのか」という視点で他者を評価する	＊他者の顔色を見ることや状況に合わせることが得意で、時に自分の弱さをアピールすることで、他者の援助や保護を得るのがうまい ＊ライフタスクに対して、積極的・能動的に取り組むことをせず、他者を頼りにしたり、当てにしたりする傾向がある ＊他者からの注目、関心、愛情、同情を得ようとし、無視されると、癇癪を起こしたり、拗ねたりして、他者をコントロールしようとすることがある	＊理想や目標に向かって突き進む頑張り屋 ＊「成功すること」「勝つこと」「称賛を得ること」などが行動の前提にある ＊いつも一番になろうとしたり、中心人物になろうとする傾向が強い ＊「何もやることがない」「無意味・無価値なことをしなければならない」時にストレスを感じる ＊他者との関係性が競合的になったり、他者に対して支配的・攻撃的・高圧的になったりしやすい ＊「何を、いつ、いかにうまく成し遂げたか」によって、自分や他者を判断しがち

なく、変えようと決心さえすれば、いつでも変えることができるのです。

繰り返しになりますが、アドラー心理学におけるライフスタイルのニックネームは、人間の性格を分類するためのものではありません。個人の性格に、レッテルを貼るためのものではないのです。ライフスタイルは、本質的にはあくまで一人ひとり違っており、千差万別なものです。みなさんの所属しているチームや学校、会社にいるすべての人が、多様なライフスタイルを有しているのです。したがって、ライフスタイルの枠組みを、自分と他者との関係性を捉えるためのヒントとして活用し、他者とどのように協力していくことができるのかを考える手がかりにすると良いでしょう[15]。

なお、本書はカウンセラー向けの書籍ではないので、専門的なライフスタイル分析に関する説明は省略しています。アドラー派のカウンセリングを行う専門家は、「早期回想」や「家族布置」などの方法を用いて、ライフスタイルを診断していきます。もし、より詳細にライフスタイルを分析したい場合には、アドラー派のカウンセリングを受けてみることをお勧めします。

第2節 不完全な自分の「進歩」を大切にしよう

「モチベーションが上がらない」「やる気がでない」のはなぜ？

選手から、「やらなければと思っているのに、練習に対してやる気がでない」「モチベーションが上がらなくて、ついダラダラと過ごしてしまう」といった相談を受けることがあります。そして、そんな自分を変えたいと思うけれど、やっぱりやる気が起きなくて…というループから抜けだせないという選手も見かけますし、中にはそんな自分に対して自己嫌悪を抱く選手もいます。指導者からも、「選手のモチベーションを上げたり、やる気をださせたりするためには、どうしたら良いですか」と尋ねられることがよくあります。このような「モチベーションが上がらないから、練習できない」という考え方は、モチベーションが上がらないという「原因」があって、それによって練習ができないという「結果」につながるとみなす原因論の立場になります。そうすると、モチベーションを低下させたり、やる気を削いだりする根本の要因を探しだしてそれを取り除こうと考えるわけですが、うまくいかなかった経験があるのではないでしょうか。

なぜなら、本当は自分が取り組む必要のある練習や課題が何かを知っているのに、「モチベーションが上がらないから」ということを言い訳にして、それを避けているにすぎないからです。[16]つまり、何か理由があって「練習できない（can not）」のではなく、「練習しない（will not）」ということを自分で選び、そのために「モチベーションが上がらない」という状況を使っているということです。少し厳しい言い方をすれば、自分が練習や課題をやらないと決めた上で、できない状況をセッセと作りだしているようなものです（この考え方は、アドラー心理学の基本的な考え方である「目的論」「個人の主体性（主体論）」に沿ったものです。詳しくは第2章をご確認ください）。

したがって、「モチベーションが上がらない」ということを言い訳として使っている選手に対して、モチベーションを低下させたり、やる気を削いだりする根本の要因を取り除こうとしても、あの手この手で理由をつけて、その問題を解決できないということを主張します。たとえば、「練習に行こうと思っているのに、身体が疲れていて気持ちがのらず休んでしまう」という選手に対して、「では、身体の疲労を取り除くために、しっかり休養をとりましょう。休養も練習の一環ですよ。また、オーバートレーニングになっていないか、練習メニューを見直してみませんか」といったアドバイスをしたとします。これに対して、「でも、練習量は監督が決めているから、減らすことができないのです」とか「でも、次の試合で勝つためには、練習量を減らすわけにはいかないし、休んでいる場合ではないのです」などと答えるのです。

言い訳の本当の目的

このように、自分が取り組む必要のある練習や課題が何かを知っているのに、「モチベーションが上がらないから」ということを言い訳にして避けることを、「自己欺瞞」と呼びます[16]。自己欺瞞は、練習が困難であると感じていたり、うまくやり遂げる自信がなかったり、もしくは失敗して指導者やチームメイトからの評価を下げる可能性があるなどのように、自分の自尊感情やプライド、こんな人間でありたいという自己理想などを脅かすような事態に直面した時に、人間が見せる反応の一つです。そして、時にはそれを事実であると本気で信じており、それによって少なくとも自分の心の平穏を保つことができるのです[17]。

このことを考える上で、イソップ寓話の一つである『すっぱい葡萄』の話をご紹介したいと思います。ある日、お腹を空かせたキツネが木の上に葡萄の房を見つけます。キツネは何度もジャンプして葡萄を手に入れようとしますが、葡萄の木が高くてどうやってもキツネには届きませんでした。そして、キツネは思いました。「あの葡萄はきっとすっぱいに違いない。最初から食べる気なんてなかった」と。このようにしてキツネは、「葡萄はすっぱいから、食べる気なんてない」という言い訳を作りだし、自分を納得させたのです。つまり、葡萄に手が届かない自分の能力のなさから目を背けたり、本当は手に入れたいのに努力が必要となることから逃げたりするために、「葡萄はすっぱい」という言い訳を使ったのです。ちなみに、英語では“sour grapes”（直訳すると「すっぱい葡萄」）は「負け惜しみ」という意味の慣用句です。これは、このイソップ寓話が語源となっています。

さて、競技スポーツにおいて考えてみると、ここで取り上げているモチベーションが上がらないということの他にも、自分より優れたライバル選手の欠点をあれこれと探して、「あの選手は自分と同じレベルだ」もしくは「あの選手は自分より劣っている」と思い込むことで、自分が向き合う必要のある本当の課題から目を背けることも、自己欺瞞の一つの例になります。他にも、強打者を相手に直球勝負を挑みたいと本当は思っていても、打たれてしまうことで何らかの形で自己が脅かされるかもしれないと考えている投手は、たとえ自分のチームがリードしているとしても、「ここは大事に行くほうが良い場面だ」と信じ込んで敬遠を選択するかもしれません。このように、競技スポーツにおいても、いろいろな状況で自己欺瞞は起きているのです。

この自己欺瞞をする理由には、その課題を行って、①もし失敗した場合、その後始末が面倒であること、②もし他者の期待に応えられないと嫌であること、③もし出来が良くないと、他者から見下される可能性があること、④もし完璧に仕上げることができないと嫌であることの四つのパターンがあります[16]。この四つのパターンに見られるように、人間は、自分の自尊感情やプライド、こんな人間でありたいという自己理想などを脅かすような事態を予見し、そこに不安や恐れを抱くのです。そして、そのような事態を避けるために言い訳をして、取り組む必要のある課題に手をつけないようにしているのです。その一番簡単な言い訳が、「モチベーションが上がらないから、できない」ということなのです[16]。取り組みさえしなければ、困難な練習に取り組んでうまくいかずに無力感を感じたり、自信を失ったりすることも、もしくは指導者やチームメイトからの評価が下がることも、少なくとも当面の間は起こらないのです。

この自己欺瞞について理解すると、指導者は練習に身の入らない選手に対して、「自分の課題から逃げるな」「言い訳ばかりするな」「本当は自分でもわかっているんだろう？」などと言いたくなるかもしれません。アドラーは、このような行為を「相手のスープにつばを吐く」と表現しました。あまりキレイな表現ではありませんが、自分のスープのお皿の中に、相手のつばが入ったら、もうそのスープを飲むことはできなくなりますよね。選手は、自分がセッセと作ってきた「言い訳というスープ」につばを吐かれてしまったので、もうそのスープを飲むことはできなくなり、言い訳や嘘、ごまかしが何も言えなくなってしまいます。たしかに、指導者が言っていることは正論であり、選手が自分自身の間違いに気がつくためには必要かもしれません。しかし、その行為は、選手が大切にしていた「モノの見方」の価値をおとしめたり、大事にしている価値観を揺るがしたりする可能性があります[18]。そうすると、選手は指導者に対して心理的な抵抗を強く示したり、心のシャッターを閉じたりするかもしれません。つまり、正論によって相手を心理的に追い詰める可能性があるということを、頭に入れておく必要があるのです。

　したがって、まずは選手のライフスタイルを把握し、成功や失敗に対して、その選手がどのように考えているのかを理解することが先決だと考えます。その上で、抱いている未来の結果に対する不安や恐れを選手が手放せるように、絶え間ない「勇気づけ」を行うことが肝要です（勇気づけに関しては、後述の１６３ページで詳しく説明します）。それによって、最終的に選手は、「自分自身が大事に温めていたスープ＝自分のライフスタイルに基づく非建設的な価値観」を手放し、空になったお皿の中に、新しいスープを注ぐことができるようになるのです。

不完全である勇気

ここまで見てきたとおり、モチベーションが上がらないという「原因」があって、それによって練習ができないという「結果」があるのではなく、課題に向き合うことを避けるという目的のために作りだした「結果」が、モチベーションが上がらないという状態なのです。そのすでに生じた結果を変えようとしているから、なかなかうまくいかないのです。

アドラーは、「自分を欺く努力は、部分的にしか成功しないだろう（中略）どれだけ自分を欺いたとしても、彼（女）の本当の劣等感は残るだろう（人生の意味の心理学（上）[25]、p.67）」と述べています。したがって、課題に向き合うことを避けている自分に気がつき、未来に生じうる結果や、他者からの評価に対する不安や恐れを手放しながら、自分を変えていくことが必要になります。

では、自己欺瞞をせずに自分の課題と真摯に向き合うためには、どうすれば良いでしょうか。それは、「一〇〇パーセント完璧な人間などいない」ことに気づき、「不完全な自分」を認めることです[16]。これこそが、第2章で説明した「不完全である勇気」です。もう少し補足するならば、「不完全であることを受け入れる勇気」「不完全であることを認める勇気」と言えるでしょう。

競技生活は、長い階段を一段ずつ上がっていくようなものです。自己理想や自分の望む目標が階段の頂点にあって、その頂点を目指して階段を上がり続けていくのです。でも、ここで重要なことは、記録や勝敗のような目に見える目標が達成されなかったり、思うように結果を残せない状況が続いたりしても、階段を一段上がることはできるということです。第1章で目標設定の原則について取り上げましたが、階段を上がっていく過程、つまりパフォーマンス目標に意識を向けることが大切です。仮に負けたり、良い成績を残せなかったりしたとしても、失敗を恐れずに新たに身につけた技術に挑戦したり、弱点を克服するために取り組んできた成果を実感できたりといったように、ささやかでも良いので何らかの収穫があれば、それは最終的な目標に向けて階段を一段、着実に上がったと思いませんか。逆に、試合展開や戦況が不利になった時に、試合に勝つことにこだわりすぎて失敗を恐れていると、本来はその試合で試したかったプレーを行わない（たとえば、自分が元々得意だったプレーに切り替えたりする）選手もいます。でも、挑戦を捨てて得られた勝利は、階段を上がったと言えるのでしょうか。勇気を持って立ち向かった結果としての敗北のほうが、もっと意味があるのではないでしょうか。

誰一人として、何の欠点もない完璧な人間など存在しません。理想の自分や目標とする自分と比べれば、現在の自分はいつでも不完全な状態であり、現実の自分との間のギャップによって劣等感が生まれます。そのギャップを埋めるために、言い換えれば階段を一段上がるために、劣等感はさらに努力を重ねるエネルギーになるのです。そして、階段を上がっていく過程で、時には隣にある他の選手の階段が目に入ってしまうこともあります。その選手が自分より上にいれば、焦りや不安、嫉妬、葛藤などを抱くこともあるかもしれません。しかし、その階段は「その選手自身のもの」であって、あなたが上がる必要のある階段ではないのです。選手一人ひとりに、独自の目指している理想の自分や目標があります。そこへ到達するまでの階段の上がり方も、そのペースも、十人十色です。あくまでも、比較の対象となるのは別の階段を上がっている他の選手ではなく、過去の自分なのです。他者と比較するのではなく、自分軸で捉える必要があるのです。それによって、理想とする「完全な自分」へ向かって少しずつ進んでいる途上にいる「不完全な自分」は、過去の自分と比べれば確実に進歩しているし、着実に未来へ向かって階段を上がっていることに気がつけるはずです。

うまくいったこと日誌

選手であれば、多かれ少なかれ、その日の練習や試合の振り返りを行い、次の練習に役立てていると思います。この振り返りにおいて、みなさんはどのくらい、自分のポジティブな側面に気づきを向けているでしょうか。第2章で取り上げたネガティビティ・バイアスに見られるように、ネガティブな情報や感情は、より記憶に残りやすいものです。人間は良い日よりも悪い日を思いだしやすいし、他者から言われた良いことよりも悪いことのほうを覚えている傾向があるのです[19]。つまり、多くの場合において、私たち人間はポジティブな物事よりもネガティブな物事に注意を向けているのです。このことは、たとえるなら「白い紙の上の黒いインク」のようなものです。本当は目に映っている大部分は白色（＝白い紙）のほうなのに、人間の目は黒色（＝黒いインク）

にばかりに注目するのです[20]。したがって、ネガティブな事柄ではなく、ポジティブなほうへ意識的にスポットライトを当てることで、今まで気がつかなかった自分自身に対する見方や視点を発見することができるはずです。

そのツールとして有効なのが、「うまくいったこと日誌[21]」です（表3-3）。「うまくいったこと日誌」は、ポジティブ心理学の提唱者であるマーティン・セリグマンらが考案した「うまくいったことエクササイズ[22]」を競技スポーツに応用したものです。「うまくいったこと日誌」では、その日の終わりに、一日の練習の中でうまくいったことを三つ考えてもらい、それらの出来事がうまくいった理由も記述してもらいます。このシンプルなエクササイズは、「ささやかな成功体験」へと目を向けるものであり、自分の可能性への気づきを高める重要な情報源の役割を果たしてくれます。実際に、中学陸上部、高校卓球部、および高校剣道部などの運動部において「うまくいったこと日誌」を活用したところ、選手のポジティブな側面の強化の一助となる可能性が確認されています[23]。

理想とする「完全な自分」へと少しずつ向かっていく道のりの過程で、わずかであっても何らかの努力をすれば、明日は今日より良くなっているのです。取り組んだトレーニングの成果がはっきりと目に見えなかったとしても、明日は今日よりも着実に前進しています。「ささやかな成功体験」への気づきは、日々の小さな一歩に目を向ける手がかりとなるものであり、他者評価や他者比較という判断軸ではなく、自分軸に基づいて自分の成長を見つめるためにきっと役に立ちます。ちなみに、仏教の教えに、「自燈明（じとうみょう）」という言葉があります。これは、自分の光を頼りにして生きていきなさいということなのですが、言い換えれば、最後に選び取るのは世間の目ではなく、自分自身の心であるということです[24]。「うまくいったこと日誌」が、みなさん自身の心を映しだし、よりどころとなる光になることを願っています。

なお、この「うまくいったこと日誌」は、いずれのライフスタイルの選手であっても有効だと考えます。基本的に自己評価の低いゲッターやベイビーの特性を有する選手は、ささやかな成功体験の積み重ねによって、自分自身に対する有能感や他者への貢献感を育むことができるでしょう。完全主義的な傾向があり、他者からの評価を気にするドライバーやコントローラータイプの選手は、自分の不完全性に対する認識を変え、自分軸に基づいて自分の成長を捉えることにつながると思います。新しい物事を探求したり、可能性を求めて努力したりすることが得意な反面、飽きっぽい傾向のあるエキサイトメント・シーカーの選手は、「うまくいったこと日誌」を通して成長度合いを確認することで、自分の中のワクワク感を大切にできるはずです。また、アームチェアーのタイプの選手においては、「うまくいったこと日誌」の記録から、指導者がその選手の得意な領域を見定める手がかりになるだけでなく、他者に貢献した内容があれば、それに対して感謝の意をフィードバックするといったように双方向的に利用することで、選手の共同体感覚を育むことにつながる可能性があります。

その日の練習や試合の振り返りを行い、反省点や改善点を見直すことはもちろん必要ですが、良かった点や達成できたことにも目を向け、大切にしてほしいと思います。そして、自分には能力や可能性があると感じられるようになれば、困難に立ち向かう時に挑戦し続けることができます。[25]「モチベーションが上がらない」「やる気がでない」などと自己欺瞞をして、課題から逃げだしたり、安易な抜け道を探したりすることもしないはずです。ぜひみなさんも、「うまくいったこと日誌」に取り組んでみてください。

エクササイズ　うまくいったこと日誌

今日一日を振り返って、「うまくいったこと」を具体的に文章（例「～をしたところ～があった」）で三つ挙げてください。その三つの出来事は、そんなに重大なことでなくてもかまいません。また、その出来事はなぜうまくいったのか、その理由を書いてください。

月　日（金）	
○うまくいったこと1	（　　　　）
うまくいった理由	（　　　　）
○うまくいったこと2	（　　　　）
うまくいった理由	（　　　　）
○うまくいったこと3	（　　　　）
うまくいった理由	（　　　　）
月　日（土）	
○うまくいったこと1	（　　　　）
うまくいった理由	（　　　　）
○うまくいったこと2	（　　　　）
うまくいった理由	（　　　　）
○うまくいったこと3	（　　　　）
うまくいった理由	（　　　　）
月　日（日）	
○うまくいったこと1	（　　　　）
うまくいった理由	（　　　　）
○うまくいったこと2	（　　　　）
うまくいった理由	（　　　　）
○うまくいったこと3	（　　　　）
うまくいった理由	（　　　　）

*今週のうまくいったことの総括と次週への決意

表3-3 うまくいったこと日誌（許可を得て転載，橋本[21]）

月　日（月）	
○うまくいったこと1	（　　　）
うまくいった理由	（　　　）
○うまくいったこと2	（　　　）
うまくいった理由	（　　　）
○うまくいったこと3	（　　　）
うまくいった理由	（　　　）
月　日（火）	
○うまくいったこと1	（　　　）
うまくいった理由	（　　　）
○うまくいったこと2	（　　　）
うまくいった理由	（　　　）
○うまくいったこと3	（　　　）
うまくいった理由	（　　　）
月　日（水）	
○うまくいったこと1	（　　　）
うまくいった理由	（　　　）
○うまくいったこと2	（　　　）
うまくいった理由	（　　　）
○うまくいったこと3	（　　　）
うまくいった理由	（　　　）
月　日（木）	
○うまくいったこと1	（　　　）
うまくいった理由	（　　　）
○うまくいったこと2	（　　　）
うまくいった理由	（　　　）
○うまくいったこと3	（　　　）
うまくいった理由	（　　　）

第3節 感情と上手につき合おう

マイナスの感情は悪者か？

競技スポーツにおいて、「不安が湧いてくると止まらなくなり、どんどんマイナス思考になっていく」「考え方の合わないチームメイトに対して、イライラしたり嫌な気持ちになったりする」などのように、感情（とりわけマイナスの感情）をめぐる課題を感じている選手は多いのではないでしょうか。競技スポーツの世界では、不安や恐れ、怒りなどのマイナスの感情はパフォーマンスを阻害する望ましくないものとされ、それらを取り除き、自信などのポジティブな思考に置き換えて、良いパフォーマンスにつなげることに価値が置かれてきました[26]。

しかし、このようなマイナスの感情は、進化的視点に立って見ると、人間が生き延びるためにポジティブな機能を持っていました[19, 27]。はるか昔、人間が狩猟をして生活していた時代をイメージしてみてください。そして、みなさんは仲間のために食糧を得るため、ジャングルにでかけていくことを日課にしています。ある日、草むらで食糧を探していると、背後にある茂みの枝が、かすかにカサッと音を立てるのを耳にします。これまでに、一緒にでかけた多くの仲間が、一瞬の不注意によって危険な野生動物の犠牲になったのを目の当たりにしてきたあなたは、「逃げなければ」と強い恐怖を抱くはずです。もし、恐怖という感情が存在せず、のんびりとその場に居座っていれば、あっという間に野生動物に襲われて命を落とすかもしれません。恐怖という感情が、人間の生存のために効果的に役立っていたのです。このように、マイナスの感情を持つこと自体は人間に本質的に備わっているものであり、もし仮にゼロになるまで減らしたとしたら、避けるべき危険に気がつけなかったり、対応が必要な課題を見つけて対処行動を取ったりすることができません。ですから、「マイナスの感情を抱きやすい選手」と「メンタルの弱い選手」は、イコールで結びつかないことを頭に入れておいてください。

さて、腹立たしいから怒鳴り、悲しいから泣くというように、感情が先にあって、それに伴って行動が生じると一般的には考えられています。みなさんは、マイナスの感情が生まれると、その原因を探して取り除こうとしたり、マイナスの感情そのものをコントロールして打ち消そうとしたりするのではないでしょうか。しかし、アドラーは、「感情には明確な目標と方向性がある〈幸せな劣等感―アドラー心理学〈実践編〉[28]、p.147〉」と考えていました。つまり、アドラー心理学では感情を引き起こす原因にアプローチするのではなく、その人が感情を使ってどのような目的を達成しようとしているのかを探り、その上で建設的に役立てることを考えるのです。

感情を使う目的は、大きく見ると、感情を用いて①他者をコントロールすること、②自分をコントロールすることの二つに分類されます[5]。このことについて、以下で具体的に説明していきます。

感情を用いた他者のコントロール

感情を使って他者をコントロールするとは、感情的な態度を取って、相手を自分の望む方向に変えさせようとすることです。人間はそれぞれ「自分のメガネ」という名の私的論理を通して世界を見ているので、自分にとって当然のこと、正しいことが、異なるメガネをかけている他者にとっても同じであるとは限りません。にもかかわらず、その「自分のメガネ」を通して出来事や状況、他者を評価し、「相手にはこうあってほしい」「相手はこうするべきだ」という考えを持ち、個人的な基準やルールを対人関係の中に適用しようとするため、自分の期待や望みが通らない状況に遭遇することになります。その時に、それらの自分の期待や望みを通すために、もしくはその状況を変えるために、感情を用いるのです。

たとえば、みなさんが高校生で、運動部のキャプテンだとします。運動部の練習は、毎日16時にスタートすることが決まっています。監督は16時ちょうどに練習場にやってくるのですが、監督からは「その時間までに、キャプテンを中心として準備とウォーミングアップを開始しておくように」と言われています。このため、部員は15時45分には集合し、あなたの指示のもとで準備とウォーミングアップをするのが日課になっています。ある日、あなたは進路のことで担任の先生に相談をしていたために、教室をでるのが遅くなってしまいました。急いで練習場に向かったものの、16時少し前にしか到着できませんでした。練習場に行ってみると、他の部員はみな談笑して座っており、まったく準備をしていません。そこに監督がやってきて、何も準備をしていない状況に関して、キャプテンであるあなたをこっぴどく叱りつけました。さて、あなたはこの状況で、どのような気持ちになるでしょうか。

もしかしたら、「何でもかんでもキャプテンである自分に押しつけないで、誰か一人くらい声をかけて準備を始めてくれても良いではないか」「そもそも自分が遅れたのには正当な理由があるのだから、どうして自分が怒られないといけないのか」というように、怒りの感情を抱き、イライラした態度を見せるかもしれません。この怒りという感情を使う目的を考えてみると、自分にすべてを押しつけて非協力的な他の部員を、自分の思いどおりに動かすことかもしれないし、自分の遅刻には正当な理由があり、その正当性を監督に認めさせることかもしれません。また、「監督の期待に応えて、キャプテンの仕事をこなせなかった自分はなんてダメなんだ」といったように、情けなさを感じる人もいるかもしれません。この情けないという感情を伴う態度の表出によって、他者からの同情や今後の協力的態度などを引きだすことができるかもしれません。このように、自分の期待や望み、好ましいと思う状況へと他者を変えるために、感情を使うのです。

感情を用いた自分のコントロール

感情を用いて自分をコントロールすると聞くと少々理解しにくいかもしれませんが、もう少し具体的に説明すると、行動を準備したり、理想の自分に近づく方向へと行動を起こしたりするために、感情を使うということです。先ほどの運動部のキャプテンの例で考えてみましょう。監督から叱られて、「監督の期待に応えて、キャプテンの仕事をこなせなかった自分はなんてダメなんだ」という情けなさ以外にも、「今回の件で、監督や部員からの評価が下がったらどうしよう」という不安などを感じる人もいるかもしれません。しかし、これらの感情は、同じ失敗を繰り返さないようにするために、またキャプテンとしてより良くあろうとするために、自分に必要な行動へと駆り立てるために使っていると見なすことができます。

一般的に、喜びや充実感、幸福感などのプラスの感情は善で、怒りや不安、悲しみ、恐怖などのマイナスの感情は悪であると考えられがちです。しかし、マイナスの感情が生じることは誰にとっても普通のことであり、それを闇雲になくそうとすることには無理があります。とくに、悲観主義的あるいは完全主義的な特性を有する人には、本来的にポジティブな思考はフィットせず、有効ではありません[26]。そのような選手に、いくら「ポジティブに考えよう！」と言ってもポジティブに考えられるわけがなく、逆に無理やりポジティブな思考に切り替えようとすると、パフォーマンスが低下するといった裏目にでることさえあります[29]。

これまでは悪いものとみなされてきたマイナスの感情の目的を理解すれば、それらの感情を自分自身の味方にして、最高のパフォーマンスの発揮につなげる手がかりにすることができます。怒っても良いし、不安になっても良いのです。肝心なことは、そのマイナスの感情の目的を知り、その後にどのように建設的な行動へとつなげるかということなのです。アドラー心理学の発展に貢献したルドルフ・ドライカースは、「感情は自動車のガソリンに似ている。人間という自動車は、感情というガソリンがなければ走ることができない（アドラー心理学教科書—現代アドラー心理学の理論と技法[5]、p.116）」と述べています。言うなれば、マイナスの感情は、みなさんの「敵」ではなく、より良い未来へと走っていくための「味方」になりうるのです。

以下では、日常生活で心に抱きやすい不安と怒りの二つの感情を取り上げて、その目的と建設的な対処行動を見ていくことにします。

不安を味方につける

勝敗を競技スポーツから切り離すことはできませんから、選手は「大事な試合で勝てなかったらどうしよう」「結果を残せなかったらどうしよう」「ミスや失敗をしてしまうのではないか」といったように、様々な不安に囚われてしまうことがあります。人間は、一度に多くのことを意識するには限界があり、今取り組む必要のある課題以外の情報（たとえば、不安など）に気を取られると、その課題を成し遂げるために必要な認知資源が不足するため、課題に集中することができなくなります[29]。それによってパフォーマンスが阻害され、自分の納得のいくプレーができなくなることもあります。このため、競技スポーツにおいて、不安への対処は重要な課題の一つと考えられています。

ここで少し時間を取って、みなさんが「今、不安に感じていること」もしくは「試合場面で、自分が不安に感じやすいこと」を一つ考えてみてください。どのようなものが、頭に浮かんだでしょうか。

みなさんが今、思い浮かべた不安や、冒頭で述べた「大事な試合で勝てなかったらどうしよう」「結果を残せなかったらどうしよう」「ミスや失敗をしてしまうのではないか」といった例に共通していることは何でしょうか。おそらく、それらはすべて、未来に関するものではないでしょうか。試合の勝敗などのように、まだ起きていない未来のことについて考えたり、ここ最近の成績が思わしくなく、これから先もっと悪くなっていくのではないかと予測したりするから、不安を作りだしてしまうのです。この世界において、もっとも情報が少ない物事とは、未来に関することなのです。たとえどんなに格上の選手と対決する試合であったとしても、その結果がどうなるかなど誰にもわからないことです。未来には無限の可能性があり、仮に思い描いた未来のシナリオどおりの結果が起きたとしても、それは無数の可能性のうちの一つが生じたにすぎません。しかし、私たちは、未来に起きることを何一つとして知らないし、絶対に生じると確定していることなど何もないのに、過去から現在までの自分の経験や物事の傾向、既知の事柄などを組み合わせて、架空の未来のシナリオを予測していきます[20]。そして、すでに説明したように、人間は良いことよりも悪かった出来事を覚えており、ポジティブな物事よりもネガティブなことに注意を向けやすいので、架空の未来のシナリオはネガティブな方向へと歪められやすいのです。その結果として、不安が作りだされていくのです。

では、このような架空の未来のシナリオに対して不安を作りだす目的は何かと言うと、それは相手役が誰なのかによって異なってきます。相手役が他者の場合、自分の資質や能力の不確かさや弱さを示すことで、他者からの注目や関心、同情を向けてもらったり、サポートをしてもらったりすることが目的となりますし（依存的不安）、自分自身を相手役とする場合には、自分を行動に駆り立てることが目的と考えられています（実存的不安）[2]。つまり、依存的不安は他者をコントロールするために、実存的不安は自分をコントロールするために用いられているのです。

ここで重要なことは、後者の実存的不安を、より良い未来に進んでいくための手がかりとして使用するということです。未来に起こりうる最悪の事態を鮮明に思い浮かべるからこそ、対策を立てることができるのです[29]。したがって、もしみなさんが不安の感情を抱きやすい傾向にあるとしたら、不安の感情を打ち消そうと躍起になるのではなく、その不安を手がかりとして、より良い未来のために「今、自分が取り組む必要のある事柄は何か」「今、それにどのように取り組むのか」を考えれば良いのです。不安の感情が湧いてきた時は、不確かな未来を憂えるのではなく、「今、この瞬間に留まる」ことを知らせるサインであることを知ってください。望んだ未来を一〇〇パーセントの確率で引き寄せることなど誰にもできないし、未来をコントロールすることもできません。でも、「今の自分」だけは、誰もが変えることができるのです。

そして、今、自分が取り組む必要のある課題に集中し、次の試合に向けてしっかり準備することができれば、「やれるだけのことはやってきた」「自分が積み重ねてきたことに集中するだけだ」という気持ちで、試合を迎えることができるようになります。また、未来に起きる可能性のある様々な場面を想定し、念入りに準備することができれば、どのような事態が起きたとしても想定内のものとして対処することができるはずです。

ここでは、不安を取り上げましたが、その他のマイナスの感情についても、同様に自分の味方にすることができます。たとえば、焦りという感情は、準備不足に対する警告を発するものであり、必要な行動を準備するきっかけとして使うことができます。そして、これらのマイナスの感情を手がかりとして、取り組む必要のあることを考えることができれば、あとはそれを行動に移せば良いのです。

イライラの正体を知る

怒りの感情の代表的な目的は、①指導者と選手、先輩と後輩のような関係において、相手を支配する（コントロールする）ため、②チームメイト間、友人間などの関係において、主導権争いで優位に立つため、③プライバシーを侵害されたり、人権を脅かされたりする場面で権利を擁護するため、④ルールを守らない人に対して正義感を発揮するための四つがあります[30]。怒りの感情が湧いてきたら、まずは一度立ち止まり、自分が何のために怒っているのかを問いかけてみてください。その目的がわかれば、他者に対してイライラした気持ちをぶつけるのではなく、その目的を手放すことで建設的に話し合い、問題を解決することができるようになります。

ただし、怒りの感情が厄介なのは、その根底に、不安や心配、落胆などの別の感情が潜んでいるということです。この根底にある感情を一次感情と呼び、一次感情が満たされない際に、怒りという二次感情を使って対応しているのです[30]。したがって、根底にある一次感情を満たすように働きかけることができれば、怒りに振り回されることはなくなります。

では、先ほど150ページで説明したキャプテンの話で考えてみましょう。自分にすべてを押しつけて非協力的な他の部員を、自分の思いどおりに動かすために怒りを感じた場合、その根底にはどのような一次感情が考えられるでしょうか。練習開始の15分前に、準備とウォーミングアップをするのが日課になっていたにもかかわらず、誰一人として積極的に動かなかったことへの落胆かもしれないし、また同じ状況が起きた時に、自分が監督から怒られることへの不安かもしれません。このように、一次感情がわかれば、対処方法もおのずと見えてきます。たとえば、「何らかの理由で今後も遅れる可能性があること」「自分が遅れる時には、副キャプテンを中心に準備を進めておくこと」「たとえ中心となるキャプテンもしくは副キャプテンがおらずとも、みなが協力し積極的に動いていくこと」などについて、他の部員と話し合い、共有すれば良いのです。

ちなみに、すでにお気づきの方もおられると思いますが、時間どおりに準備やウォーミングアップが進んでいない状況に対して、頭ごなしに叱りつけた監督に関しても、その怒りの感情には目的があります。指導者は見落としがちですが、指導者も独自の「自分のメガネ」を通して世界を見ているのです。「時間どおりに準備を終えているべき」「キャプテンとはこうあるべき」「選手は自分の期待どおりに成長していくべき」などのような個人的な基準やルールがあり、それが満たされていない状況において、選手を従わせるために怒りを使っている可能性があることに留意してほしいと思います。

「自分のメガネ」を外す

自分にとってどんなに当たり前のことであったとしても、「自分のメガネ」を通して見たものは、あくまで自分の個人的な基準やルールにすぎません。にもかかわらず、人間は無意識のうちに、それが誰にとっても当然のことであるかのように考えてしまいがちです。そのため、「相手にはこうあってほしい」「相手はこうするべきだ」という自分の考えと相反する他者に遭遇すると、「あの人の考えは理解できない」「あの人の意見を受け入れることはできない」「あの人は常識がない」などと考えたりするのです。そして、相手に対してイライラしたり、悲しくなったり、不安を覚えたりします。このようなマイナスの感情に気がついたら、それはみなさんがかけている「自分のメガネ」が本当に妥当なものであるのか、一度立ち止まって見直すことが大切です。そのために取り組む必要のある方法は、たった一つだけです。それは、「相手ととことん話し合うこと」に他なりません。[28] あなたがかけているメガネも、相手がかけているメガネも、言葉になって初めて、その違いを理解しあうことができるのです。

このことを理解するために、『群盲、象を評す』という仏典にある寓話をご紹介します。昔、ある国の王さまが、全盲の人たちに大きな象を撫でさせてみました。彼らはそれぞれ、鼻や尻尾、耳、脚などの一部分だけを触りました。王さまが、「象とはどのような動物か?」と尋ねると、象の耳を撫でた者は「大きな団扇のようだ」と答え、脚に触れた者は「柱のような形をしたものだ」と言いました。他にも、自分の触った場所から想像し、「大きな蛇のようだ」「細い縄のようだ」などと答えた者がいました。そして、各人各様の答えがでるのですが、実際に象に触れるという体験に基づいた自分の意見が正しく、他者の意見は間違っていると思い込んだ彼らは、自分こそが正しいと主張を譲らず言い争いのケンカを始めてしまいました。「自分のメガネ」を通して見た世界や得た知識が、誰にとっても当然のもの、当たり前のものではないことが、おわかりいただけたでしょうか。もし彼らが、相手がどのような体験をし、どのように考えたのかをじっくりと話し合っていれば、その違いを理解して象の全体像を把握できたことでしょう。

競技スポーツにおいては、毎日のように練習で顔を合わせていたり、合宿や遠征などで寝食をともにしたりと、家族以上に一緒に過ごす時間が多い場合もあります。そのため、チームメイトや指導者と、まるで家族のように（もしかすると家族以上に）、距離が近い関係性を築いている場合もあるでしょう。そうすると、「言わなくてもわかってくれるだろう」とつい思ってしまうのですが、相手には想像以上に伝わっていないし、お互いにわかりあえていないものです。実際に、選手と指導者の両方に同席してもらって面談を行ってみると、それぞれが違うメガネをかけて話し合っていることに気がついていないことがよくあります。逆に、代表選抜チームのような場合、召集された時にのみ顔をあわせることになり、お互いがどのような考えや行動パターンを持っているか、ほとんど知らないということもあります。いずれの場合においても、自分の興味や関心、過去の経験などの先入観で相手の話を聞いたり判断したりするのではなく、相手の話にしっかりと耳を傾けることが求められます。そして、話し合うことでお互いがかけている「自分のメガネ」の違いを認識し、互いに受け入れたり、合意できたりする「折り合いのつくポイント」を見つけることができれば、信頼関係を深めることにつながります。

関西学院大学のアメリカンフットボール部ファイターズの監督を長きにわたり務め、チームを何度も優勝に導いた名将・鳥内秀晃監督は、「今の学生は、『アイツに言ったら、言い返されるから面倒くさい』という発想になってるね。これ、おかしいで。コミュニケーションに絶対的な方法はない。人それぞれや。でも、これだけは言える。主張すべきことを主張して、相手の言いたいことにも耳を傾ける。相手の個性を受け入れれば、自分も相手に認めてもらうことにつながるわけです（どんな男になんねん―関西学院大アメリカンフットボール部鳥内流「人の育て方」[31]、p.95）」と述べています。たしかに、意見や考えが違う他者と話し合うことは、時に煩わしいものだったり、苦しさを伴ったりするものです。しかし、そのような対人関係を面倒くさがらずに、しっかりと向き合っていくことは、競技スポーツにおいてもとても重要なのです。

もし、他者の考えや行動に対してイライラしたり、「なぜ、そんなことをするのだろうか？」

と不可解に思ったりしたら、「自分のメガネ」を外すためのトレーニングのチャンスだと考えてみてください。そのような瞬間は、私たちの日常生活の中にたくさん存在しています。二〇〇八年に、車内で化粧をする女性のイラストに、「家でやろう（Please do it at home）」という端的なメッセージを添えた、東京メトロのマナーポスターが話題になりました。このマナーポスターの根本には、化粧という行為はプライベートですべきことであって、公共の場で行うことへの不快感があるのでしょう。たしかに、化粧という行為は、歯磨きや洗顔のように、人前にでる前に整えておく身だしなみとも考えられますし、ファンデーションなどの粉が舞って他の人の洋服を汚す可能性もあります。したがって、このマナーポスターに込められた考えにも、一理あるように思います。

しかし、もしみなさんが、電車の中で化粧をする女性に実際に遭遇した際に、イライラしたり不快に感じたりするならば、それは「自分のメガネ」を外し、「相手のメガネ」をかけるトレーニングをする時なのです。なぜなら、そのイライラや不快感は、「電車の中で化粧をすることはマナー違反で、非常識である」「化粧は家でしてくるべき」というあなたのメガネが前提となっているからです。一方で、電車の中で音楽を聴いたり、読書をしたりするのと同じ感覚で、化粧を趣味の一つとして位置づけている人がいたり、一九九〇年代以降、アイメイクなどにこだわりが生まれて化粧の時間が長くなったために、家だけでは間に合わなくなったと考えている人もいるのです[32]。もしかしたら、子どもが熱をだして病院に連れて行き、そのために出勤前に化粧をする時間が取れなかったという人もいるかもしれません。大切なことは、自分の目には見えていない相手の考えや価値観、状況に思いを巡らせることができるかどうかということなのです。アドラーは、「相手の目で見、相手の耳で聞き、相手の心で感じる（勇気づけの心理学 増補・改訂版[33]、p.64）」といった他者への共感的な態度を大切にしていました。ぜひ、一度立ち止まって「自分のメガネ」を観察し、それを外して、別の可能性に対して最大限に想像を膨らませてみてください。

エクササイズ 「自分のメガネ」を外す

最近一週間で、他者に対してイライラした場面を思い浮かべてください。練習に熱心に取り組んでいるように見えない選手、遅刻をしてきた選手、自分の意見ばかりを押しつける選手や指導者に対して、怒りの感情を抱いた場面はありませんでしたか。もちろん、日常生活の中の出来事でもかまいません。干渉してくる両親に対して口うるさいと思ったことや、友人や恋人とのケンカでもかまいません。

では、その怒りの感情を抱いたあなたが持っていた「相手にはこうあってほしい」「相手はこうするべきだ」という考えは何でしょうか。一方で、その相手にはどのような考えや事情があったのか、みなさんのイマジネーションをフル稼働させて、思いつく限りに書きだしてみてください。今まで見落としていた視点に、きっと気がつくことができるはずです。

第4節 勇気づけの力を養おう

「タテ」の関係、「ヨコ」の関係

日本社会の対人関係に関して言えば、どこまでいっても「タテ」の関係がついてまわることが多いのではないでしょうか。学校や運動部、スポーツチームにおいては、教師と生徒もしくは指導者と選手、学年や年齢に基づいた先輩・後輩という「タテ」の関係が存在しています。最近の若者は自由になったと言われますし、気心の知れた先輩に対して敬語を使わずに気軽に話しかけるなど、昔と比べて「タテ」の関係は和らぎつつあるようですが、スポーツ界には「タテ」の関係がいまなお色濃く残っています。一昔前まで、大学の運動部には、その厳しい上下関係を表した「四年神様、三年貴族、二年平民、一年奴隷」という言葉が存在していました。この言葉は、スポーツ界における「タテ」の関係を象徴する最たるものではないでしょうか。語弊を恐れずに言えば、年の差は絶対のルールであり、後輩より先輩、選手より指導者が偉いという封建的な体質が、スポーツ界には旧態依然として残っているように思います。

この「タテ」の関係は、厳密に言うと、単に年齢や立場上の上下関係を指しているわけではなく、心理的にどちらが上かを争っている関係を意味します。ほとんどの場合、親、教師や指導者、先輩などと比べて、子ども、生徒や選手、後輩という立場のほうが、相対的にみて心理的に劣勢であることが多いものです。しかし、時にチーム内で、下級生の競技レベルが高く、「自分たちの競技レベルが上だから、先輩の言うことには従わない」と心の中で考えていたりすると、心理的に自分たちが上であることを示そうとして権力争いが起きることもあります。このような場合も、立場上の上下関係は逆転していますが、心理的にどちらが優勢であるかを争う「タテ」の関係になっているのです。

このような心理的な「タテ」の関係の大きな問題点は、優勢にある者が劣勢にある者をコントロールしていることにあります。ミスや失敗、危険な行為をした際に、叱ったり、罰したりするのは、親や教師、指導者のほうです。逆に、成功した場合に褒めたり、賞（ご褒美）を与えたりするのも、親や教師、指導者のはずです。子どもが親を叱ったり、選手が指導者を褒めたりすることなど、基本的にはないのです。叱る、罰する、褒めるなどの行為は、それを与えるほうの人間が心理的に優勢であって、「相手にはこうあってほしい」「相手はこうするべきだ」という個人的な基準やルールに他者を従わせるといった、他者をコントロールする対人関係の中に存在しているのです。

一方、アドラー心理学で目指す対人関係とは、共通の目標に向かって課題を解決するために、立場や地位に関係なく対等に協力しあう「ヨコ」の関係です[15]。アドラーは、「人生の課題はすべてそれが解決されるためには、協力する能力を必要とするのである（人生の意味の心理学（上）[25]、p.32）」と述べていますが、競技スポーツにおいても、勝利という目標に向かってチームや選手個人が抱える課題を解決するために、指導者と選手、先輩と後輩がともに協力し、練習に励んでいく「ヨコ」の関係が重要なのです。「ヨコ」の関係においては、指導者は「指導する」という役割、選手は「学び、パフォーマンスを高める」という役割のように、担う役割が異なるだけであって、あくまでも人間としては対等です。親と子ども、指導者と選手、先輩と後輩であったとしても、どちらかが上、もう一方が下という関係性ではなく、社会やチームの中で役割を分担しているだけであり、あくまでも対等な人間であるということなのです。

なお、競技スポーツにおいては、時に指導者は「教えすぎ」「喋りすぎ」の印象があります。もちろん、勝つために、また選手が実力を高めるためにという思いがあることは理解できますが、選手の言葉に耳を傾けることなく、一方的に与える行為は、上から指示をだして「やらせる」ためにコントロールしているにすぎません。また、プレーがなかなか上達しない選手に対して、「何回、教えたらできるようになるのか？」「教えていることが理解できているのか？」「もっと～すべきではなかったか？」といったような質問を投げかける指導者を見かけることもあります。このような質問に対して、選手はただ「はい」とうなずくことしかできないのではないでしょうか。そして、選手がまた失敗をすると、「はい」と返事をしたのになぜできないのかとイライラして、怒りを使ってさらに選手をコントロールするという悪循環になることさえあります。そもそも、「イエス」「ノー」で答えられるような質問の場合、選手側の気づきはほとんど深まりませんし、「もっと～すべきではなかったか？」といった問いかけは、指導者自身が考える正解に選手を誘導しているだけであって、選手が課題に意識的に向き合ったり、選択したりする権利を奪ってしまいます[34]。

一方、選手と一緒に考えて、解決に向けて協力する「ヨコ」の関係に基づいて、「どうしたらできるようになると思う？」「今の自分に何が必要だと思う？」と問いかけることは選手の考える力を養いますし、ひいては困難な課題であったとしても、選手自身が挑戦してみようという勇気を持つことができるようになります。質問を投げかける際の重要な目的は、選手の学習を誘発し、理解や技術獲得を促すことであり、最終的に選手が自ら知識の応用や分析をしたり、創造性を発展させたりできるように働きかけることにあるのです[34]。

勇気づけ（エンカレッジメント）

「上手な叱り方」「褒めて伸ばす方法」といったタイトルの書籍が、巷には本当にたくさん溢れていますが、叱ることも褒めることも相手をコントロールする行為であり、アドラー心理学では奨励していません。叱ったり褒めたりすることは、「相手にはこうあってほしい」「相手はこうするべきだ」という個人的な基準やルールに従わせようとコントロールしているにすぎません。言い換えるなら、その背後には、「相手が自分の思いどおりに変わってくれるかもしれない」「相手を自分の望みどおりに変えたい」という期待が存在しているのです。

アドラー心理学では、叱ったり褒めたりする方法ではなく、「勇気づけ（エンカレッジメント）」という方法を大切にしています。勇気とは、どのような結果になるかわからない状況や、否定的な結果がもたらされた状況にあっても、自分自身を信頼して課題を直視し、リスクを引き受けることです。[4] そして、この勇気を与えることを、勇気づけと呼ぶのです。勇気づけでは、①結果よりも、これまでに努力してきたプロセスに注目する、②ダメなところや悪いことだけを振り返るのではなく、できていることやうまくいったことに着目する、③他者との比較や競争ではなく、自分自身の成長に目を向ける、④成功だけでなく、失敗しても勇気づけの言葉をかけることを行っていきます。勝利至上主義が色濃く残る競技スポーツにおいては、結果がすべてであるといった風潮が根強く、選手は常に結果を問われ続ける存在です。でも、勝利や称賛を浴びる瞬間だけに価値があるのではなく、どのように戦って勝ったのか、どのように挑戦して負けたのか、その中にこそ意味や学びが数多く含まれているはずです。これらはまさに、勇気づけによってもたらされるものだと考えます。

さて、この勇気づけには、①自分に対する勇気づけと②他者に対する勇気づけが含まれます。以下で、それぞれについて見ていくことにしましょう。

❶自分に対する勇気づけ

ここまで本書では、①不完全であることを受け入れる勇気を持つこと、②ネガティブな側面やできなかったことではなく、ポジティブな側面やうまくいったことに光を当てること、③他者評価や他者比較という判断軸ではなく、自分軸に基づいて自分の成長を見つめること、④「自分のメガネ」を外すことについて説明してきました。前述した勇気づけの説明を読んでいただければおわかりのように、実はこれらはすべて、自分自身を勇気づけることにつながるものでした。

自分自身を勇気づけることとは、より良い未来に向かって、自分が自分自身の味方となり、建設的に行動していくことを決心することです。この世に生を受けて、そしてこの世を去るその時まで、いつも変わらず側にいるのは自分だけであり、あなたの最大の味方はあなた自身なのです。誰かと比べて自分を否定したり、自分自身で自分を認めることをせずに誰かに承認してもらおうとしたりして、「本当のあなた自身以外の何者か」になろうとする必要などないのです。

そして、自分自身を勇気づけることは、他者を勇気づける土台となります。自分自身を大切にし、信頼できるからこそ、他者との協力関係や他者への貢献に向かうことができます。なお、アドラーは、「勇気があり、自信があり、リラックスしている人だけが人生の有利な側面だけでなく、困難からも益を受けることができる。そのような人は、決して恐れたりしない。困難があることは知っているが、それを克服できることも知っており、すべて例外なく対人関係の問題である人生のあらゆる問題に対して準備ができているからである（個人心理学講義―生きることの科学[35]、p.16）」と述べています。ぜひ、ここまでをもう一度振り返り、日常の中で意識して、自分に対する勇気づけを実践していただきたいと思います。

❷ 他者に対する勇気づけ

他者に対する勇気づけとは、その相手が自分の人生を自分自身で引き受け、自分を受け入れ、他者を信頼して協力しながら生きることを感じられるように支援することです[28]。ここまで見てきたとおり、他者を勇気づけることと褒めることはまったくの別物です。最近、みなさんがチームの選手を褒めた（もしくは自分が褒められた）場面を思い起こしてみてください。それは、どんな時でしたか。おそらく、勝利に貢献するようなプレーをしたり、今までできなかったプレーができるようになったり、何らかの成果や目標を達成した時だったのではないでしょうか。もしくは、自分の期待したとおりに物事が運んだ時に、相手を褒めたのではないでしょうか。褒めるという行為は、一定の目標を成し遂げたり、期待どおりの成果が得られたりした時にのみ、「タテ」の関係の中で上から下の人間に向けられるものです。失敗した他者に対してや、自分の期待が外れた時に、相手を褒めることはしないはずです。「あの大事な場面でミスショットをするなんて、良くやった！」などという褒め言葉をかける人はいないはずです。むしろ、そのような時には、失望した態度を見せたり、勇気をくじくような言葉をかけたりしがちです。

新しい技術の獲得に取り組む際に、指導者から褒められることによって課題への動機づけが高まり、積極的に練習に取り組むようになるという一面もあるのですが[36]、あくまでもそこには、指導者からの評価という側面が存在しています。したがって、褒めることを続けると、他者との競争に意識が向かったり、心理的に上の立場にいる指導者や先輩などの顔色をうかがって、周囲の評価を気にしたりするようになってしまい[33]、結果としてその選手は、失敗しないことや結果を残すことに囚われてしまいます。

一方、目標を達成できなかったり、失敗したりした状況下においても行うのが勇気づけです。他者が自分の成長や進歩に意識を向けて、自立心や責任感を養うことができるように勇気づけていくのです[33]。選手は、タイムが何秒短縮されたとか、大会で何位になったとか、目に見える結果にどうしても囚われがちです。しかし、目標を達成したり、優勝したりしたことだけを評価するのではなく、これまでに努力を重ねてきた目には見えないプロセスに気づきを向けたり、ささやかであっても達成できていることに光を当てることができるように言葉をかけることが大切です。単に、「今のプレーは良かったぞ」と褒めて終えるのではなく、「今のプレーは良かったぞ。とくに相手をかわしてからの身体の使い方が、抜群に良かった」というように、具体的に何が良かっ

表3-4　「褒める」と「勇気づける」の違い

	褒める	勇気づける
状況	相手が何らかの成果を挙げたり、褒める人が期待していることを達成した状況（条件つき）	相手が目標や成果を達成した時だけでなく、失敗した時も含めたすべての状況（無条件）
関係性	上から下の人間に一種の褒美として与える態度であり、「タテ」の関係が前提	共感的・協力的な態度であり、「ヨコ」の関係が前提
効果	顔色を伺ったり、評価を気にしたりするようになる。結果として、失敗しないことや結果を残すことに囚われるようになる可能性がある	周囲の評価や他者比較という判断軸ではなく、自分軸に基づいて自分の成長や進歩に目を向けられるようになる

たのか、そしてもし改善の余地があるならば、今後どのようなことに取り組む必要があるか、ともに考えていくのが勇気づけなのです。褒めることと勇気づけの違いを**表3-4**に整理しましたので、参考にされてください。

なお、他者に対する勇気づけができる人の特徴として、①他者との対人関係を尊敬と信頼を基本に構築すること、②あらゆる困難に立ち向かうプラス思考を備えていること、③目的（未来）思考であること、④より高い視点や、より幅広く長期的な観点から対処することなどが挙げられています[33]。逆に、他者をコントロールするような行為や、マイナス思考、聞き下手、皮肉っぽいなどの言動は、他者との関係性を損ないかねません。他者を評価するような態度ではなく、他者に対する関心と共感を示した態度でコミュニケーションを取ることが肝要です。とくに、コーチングにおける指導者の言動や態度は、選手の技術獲得や練習の質に大きな影響を与えますから、[37] 指導者の方はご自身が選手に対して、叱ったり褒めたりしているのか、それとも勇気づけを行っているのか、一度振り返ってみる必要があるのではないでしょうか。

相互尊敬と相互信頼

他者に対する勇気づけが自然に行われるためには、「ヨコ」の関係を前提とし、相互尊敬・相互信頼に基づく共感的な態度が必要になります。一般的に尊敬と聞くと、年齢や立場が下の者から上の者に対して、敬意を表したり、仰ぎみたりすることと考えられがちです。この考えが如実にでるのが、挨拶をする場面です。廊下ですれ違った時に、先に挨拶をするのは年下の人間のほうが多いのではないでしょうか。グラウンドに指導者がやってくれば、選手はすぐさま挨拶をします。先輩や指導者が先に挨拶の声をかけることはほとんどありませんし、どこかで先輩や指導者の姿を見かけようものなら、駆け寄って挨拶をしないと後で叱られるなどというチームもあるようです。

もちろん、年長者を敬う態度は大切ですが、「ヨコ」の関係を重視するアドラー心理学においては、互いに敬う態度を持つ相互尊敬を重んじます。相互尊敬とは、年齢や性別、職業、役割などの差異はあっても、人間の尊厳に関しては違いがなく、お互いに礼節を持って接することを意味します。[33] 自分より年齢や立場が下の人の尊厳が、あなたよりも低いわけではありませんし、自分が先に挨拶をしたからと言って、あなたの尊厳が低くなるわけでもないのです。

また、信頼とは、根拠を求めずに無条件に他者を信じることです[33]。人間は、他者を信じる前提として、根拠や理由を求めがちです。たとえば、約束の時間をたびたび守らない相手に対して、みなさんは信じる気持ちを持てますか？約束を破る人は信じられないけれど、「次はちゃんと約束の時間を守ってくれたら」「遅れる時に早めに連絡をくれるならば」信じられるというように、次回は遅刻をしないこと、遅れる際には連絡をすることなど、何らかの条件が満たされるならば信じることができると考える人が多いのではないでしょうか。しかし、もしかしたらその人は、周囲への気配りや目配りができるタイプで、約束の場所に来る途中に、何かしら困っている人を見ては手助けをしているために遅刻しているのかもしれません。そして、そのことをわざわざ説明しないだけかもしれません。「そのような状況なんて、絶対にあるわけがない」と、誰にも言い切ることはできないはずです。遅刻という行為と、その行為を行った人の人格は別のものなのです。自分の期待に応えたり、望むような結果をだしたりするかどうかにかかわらず、他者を信頼することが相互信頼の基本なのです。

ただし、遅刻などのように他者に迷惑がかかる行為は、対人関係においてトラブルの種になりかねませんし、何度も遅刻をされれば不快感を覚えても仕方のないことです。ここで大切なことは、その行為に対する怒りをぶつけたり、叱りつけたりすることによって相手をコントロールするのではなく、自分の気持ちや感情を適切に伝えるということです。その際には、単に相手の行動を非難したり責めたりするのではなく、「私は～と感じる」「私は～と思う」のように、「私」

を主語にして気持ちを伝える「私メッセージ」を用いると良いでしょう。たとえば、「私は遅刻をされて、ちょっと残念に感じている」「私は度重なる遅刻に対して困惑している」といった具合です。

「あなた」を主語にした「あなたメッセージ」は、相手に対する非難や評価を含み、相手に命令したり、コントロールしたりするために用いられるものです。たとえば、「なぜ、あなたは遅刻したのですか?」「あなたは、いつも遅刻してばかりですね」などと伝えることは、今後それを改善させたいという考えを言外に示しています。一方、「私メッセージ」は、相手への非難や批判、評価を加えずに自分の気持ちを述べるものであり、伝えられた相手の自立を促し、思慮深い人間に成長できるように援助することが可能と考えられています[38]。

なお、英語のことわざに"You can take a horse to the water, but you can't make him drink."(馬を水辺に連れて行くことはできるが、水を飲ませることはできない)というものがあります。これは、他者に対して機会を与えることはできても、それを実際に行動に移すかどうかはその人次第であるという意味です。したがって、あなたが「残念に感じている」「困惑している」などの気持ちを伝えたとしても、実際に遅刻をしないように行動を変えることを決心するかどうかは相手自身の課題になります。あくまでも「私メッセージ」を用いる目的は、相手を変えようとすることではなく、相手が自ら変わろうとする勇気を促すことにあると理解しておいてください。

「より早く」「より多く」尊敬と信頼を示す

相互尊敬・相互信頼は、お互いがフィフティー・フィフティーの関係で尊敬しあう、信頼しあうと考えられがちです。しかし、相互尊敬・相互信頼に基づく「ヨコ」の関係を築こうとするなら、相手がどのような対応を取るかに関係なく、自分からより早く、そしてより多く、相手に対して尊敬と信頼を向けることが肝要です[33]。仮に、相手から自分に対する尊敬と信頼の態度を感じられなかったとしても、自分からより早く、より多く、尊敬と信頼を示していくのです。このことの理解を深めるために、以下のアドラーの言葉を紹介しておきます。「誰かが始めなければならない。他の人が協力的ではないとしても、それはあなたには関係がない。私の助言はこうだ。あなたが始めるべきだ。他の人が協力的であるかどうかなど考えることなく（幸せな劣等感―アドラー心理学〈実践編〉[28]、p.211）」

「そうは言っても、相手にまったく良いところがないし、尊敬したり信頼したりできない」という声が聞こえてきそうですが、「相手にまったく良いところがない」というのも、それは「自分のメガネ」という個人的な基準やルールを通して評価した相手の姿にすぎません。「自分のメガネ」を外して、今まで見落としてきた相手の強みや良いところを見つける努力をしてみませんか。それこそが、より早く、より多く尊敬し、信頼するスタートラインだと思うのです。ただし、自分に対して心身に何らかの危害を加える人（ハラスメントを行う人、悪意をもってあなたの評価を落とす人など）のことまでも、無条件に信頼しましょうと言っているわけではありません。第2章の主体論で説明したように、生き方を決めるのは自分自身ですので、その人との関係性を継続するのか、それとも断ち切るのかを、まずは自分自身で選択することが大切です。

また、指導者と選手の関係性について言えば、指導者が相対的に見て心理的に優勢であることが多いものです。指導者が自分の解釈だけで物事を見たり、判断したりするのではなく、「選手の目で見、選手の耳で聞き、選手の心で感じる」という共感的な態度によって「ヨコ」の関係を築くことは、選手の経験や価値観を尊重し、選手を信頼し、目標に向けてともに歩んでいくことにつながります。そして、このこと自体が、選手にとって大きな勇気づけとして機能すると考えます。

最初は難しく感じることもあるかもしれませんが、それを続けていくことで、相手の反応が変わってくることもあります。相互尊敬・相互信頼の関係性は一朝一夕に築かれるものではなく、「相手をより早く、より多く尊敬・信頼しよう」という決意と持続が求められるものなのです[33]。

グッドコーチは勇気づけができる人

近年、体罰や暴力行為、ハラスメントなどの問題が取り沙汰され、スポーツ・インテグリティの保護や強化に向けた議論が活発になっています。このスポーツ・インテグリティの確保のために、スポーツ指導者には「グッドコーチ」としての資質が求められるようになってきました。公益財団法人日本体育協会（現：日本スポーツ協会）による『平成27年度コーチ育成のための「モデル・コア・カリキュラム」作成事業報告書』[39]で示された、日本のスポーツ界が育成すべきグッドプレーヤー像と、そのグッドプレーヤーを育成する担い手としてのグッドコーチ像には、逆境や困難に打ち克つ力、相互尊敬、信頼、協力・協調・協働、共感などがキーワードとして挙げられています。

これらのキーワードは、アドラー心理学が大切にしている相互尊敬・相互信頼に基づく「ヨコ」の関係を土台とした勇気づけに、相通じるものではないでしょうか。逆境や困難に直面した際に、それを自分自身で引き受け、他者を信頼して協力しながら生きていくことができるように、指導者が選手を勇気づけたり、または選手自身が自分やチームメイトを勇気づけたりするために、アドラー心理学がたくさんの示唆を含んでいることがおわかりいただけると思います。

第5節　アドラー心理学を実践しよう

第2章および第3章を通して、アドラー心理学の五つの基本的な考え方や勇気づけについて説明してきました。ここまで何度か述べているとおり、アドラー心理学は「日常使いの心理学」「実践の心理学」ですので、日常生活や競技生活の中で実践して役立てることが大切です。そこで最後に、五つのケース（事例）を紹介しますので、アドラー心理学の視点に基づいて、どのような声かけや勇気づけを行うことができるかを考えてみましょう。なお、ケースとして登場する選手は実際の人物をモデルとしていますが、個人情報保護の観点から選手名は仮名とし、文脈を損ねない範囲で改変を加えています。また、複数のケースを組み合わせて作った架空の事例であることもご承知おきください。

エクササイズ　勇気づけのトレーニング

五つのケースそれぞれにおいて、どのような声かけや勇気づけを行うことができるか、自分なりに考えて書きだしてみてください。チームで活用する場合には、まず個人で記入した後に、チームのメンバーで内容を発表して共有すると良いでしょう。

ただし、指導者、チームメイト、家族など、みなさんの立場によって、声かけや勇気づけの内容は変わってくると思いますし、どの意見が正しい・間違っているということはありません。また、ここで提供したケースの情報はほんの一部しか示されていませんので、わずかな手がかりを参照して最大限に想像を膨らませて考えていただくことになります。したがって、おそらく様々なアイディアがでると思いますから、正解探しをするためのディスカッションをする必要はまったくありません。①自分の「思考や行動のクセ」への洞察を深めること、②共感的な態度で相手の考えに耳を傾けること、③他者が提案した声かけや勇気づけによって、自分ならどう感じるかを共有すること、そして④それらの作業を通じて、チーム全体がより良い方向へ進んでいくことを念頭に置き、共有の時間を楽しんでみてください。

なお、エクササイズの最後に、考え方の例を記載してあります。しかし、それらはあくまで一例であり、正しい答えやベストな考え方と受け止めないようにご注意ください。実際の競技生活の中に適用した際に建設的な対応がなされたなら、それがその時のベストな答えの一つなのです。

ケース1　他の選手と自分を比べてしまう阿部選手

阿部選手は、国内でも有数の水泳選手です。しかし、「自分は自分、人は人」と頭ではわかっていても、他の選手と自分を比較してしまい、他の選手より劣っている自分のことが嫌いだと言います。自分に対して可能性を感じることもあるけれど、「今の自分に良いところはなく、まだまだこれではダメ」「全部、うまくいっていない」と感じているようです。さて、あなたなら、どのような声かけや勇気づけを阿部選手に行いますか。

ケース2　チームメイトの失敗やミスを受け入れられない小林選手

小林選手は、強豪校の野球部のキャプテンです。チームの目標は夏の甲子園での優勝で、部員が一丸となって練習に取り組むべきと考えています。しかし、同じような失敗や、簡単なプレーでのミスを繰り返してしまう部員がいることが悩みの種となっています。「なぜそのような失敗をするのか」「なぜミスを繰り返すのか」と思うたびに、その部員に対して苛立ちが募っているようです。さて、あなたなら、どのような声かけや勇気づけを小林選手に行いますか。

ケース3　怪我を繰り返している坂口選手

坂口選手はバドミントン選手ですが、オーバートレーニングにより膝の怪我を繰り返し、この一年ほど大きな大会に出場できていません。思うように練習ができない中にあっても、フィジカルトレーナーと相談をしながら、真摯にトレーニングを重ねています。しかし、怪我を繰り返していることに対し、「しっかりとトレーニングをしていないから、怪我を繰り返すのでは？」と他の選手に言われたことから、自分への自信が揺らいでいるようです。そして、「みんな、これくらいの痛みは我慢してトレーニングをしているのに」という気持ちも持っているようです。さて、あなたなら、どのような声かけや勇気づけを坂口選手に行いますか。

ケース4　厳格な母親のもとで育った田島選手

田島選手は、現在20歳の女子大学生で、大学では陸上部に所属しています。田島選手の母親は非常に厳格だったため、幼少期は母親に否定されたり怒られたりすることが多く、田島選手にとって母親はとても怖い存在でした。現在所属している陸上部のコーチは母親と似たタイプの女性で、選手に対して厳しく接することがあるようです。コーチはトップレベルの選手を数多く育てた実績を持っており、自分自身の実績や経験をもとに行う指導スタイルに絶対の自信を持っています。そのため、「自分が選手それぞれに合わせて」指導するのではなく、「選手が自分の指導スタイルに合わせて」練習することを求める傾向があります。しかし、田島選手は、コーチの指導スタイルが自分に合っていないと感じることがあります。コーチと練習メニューについて一度話し合いたいと思っているものの、「あなたは間違っていると否定され、怒られるのではないか」と考えると、コーチに切りだすことを躊躇してしまうようです。さて、あなたなら、どのような声かけや勇気づけを田島選手に行いますか。

ケース5 引退を考えている中井選手

中井選手はテニス選手で、競技歴は20年を超えています。大学時代は地方大会止まりで全国大会には出場できませんでしたが、テニスが本当に大好きで、社会人になった現在も大会への出場を続けていました。この一、二年は成績が奮わず、また仕事が忙しくなってきたことから、今年度限りでの引退を考えています。「最後の年に悔いを残したくない」「集大成と呼ぶのにふさわしい結果を残したい」と考え、自分で練習内容を見返して創意工夫するだけでなく、多くのテニス選手をサポートしているスポーツトレーナーから練習メニューにアドバイスをもらって、仕事が終わった後に熱心に取り組んでいます。「結果がすぐにでないことは頭で理解している」ものの、「なかなか結果がでないのは、自分に能力がないからではないか」「同じスポーツトレーナーに見てもらっている他の選手は結果をだしているのに、自分は全然変わらない」という思いが頭を過ぎることもあるようです。そして、「テニスが大好きでずっと打ち込んできて、最後にその好きなものに裏切られている気がする」と胸中を吐露しました。さて、あなたなら、どのような声かけや勇気づけを中井選手に行いますか。

勇気づけのトレーニングにおける考え方の一例

ケース1　他の選手と自分を比べてしまう阿部選手

阿部選手は、「他の選手より劣っている自分」のように、他者との比較による劣等感と、「今の自分に良いところはなく、まだまだこれではダメ」のように、自己理想との比較による劣等感の二つを抱いているようです。そして、そのいずれの劣等感もが、自分を嫌いになる要素となっているのかもしれません。しかし、理想や目標とする自分と、現実の自分との間のギャップによって生じる劣等感は、阿部選手が努力をしているからこそ抱くものであり、また、更なる成長を重ねるためのエネルギーとなることから、決して悪いものではないと理解してもらうことが大切になります。そこで、「不完全である勇気」の考え方をベースに置きながら、①劣等感は、どんなに優れた選手であっても、誰もが有している普通の感情であること、②競技生活は、自己理想や自分の望む目標に向かって、長い階段を一段ずつ上がっていくようなものであり、その階段を一段上がるために、劣等感が努力や成長を促す原動力になること、③選手一人ひとりに独自の理想や目標があり、そこへ到達するまでの階段の上がり方もペースも異なるので、他の選手と比較するのではなく、自分軸で捉えることの重要性などを伝えると良いでしょう。

また、「全部、うまくいっていない」というのは、第2章で説明した誇張や過度の一般化（もしくは見落とし）などを行っている可能性があります。一方で、自分に対して可能性を感じることがあるということは、自分自身の強みや優れた側面に、少なからず気がついているのではないでしょうか。したがって、④阿部選手が見落としているささやかな成功体験への気づきを促すような声かけを行うことも、有効となる可能性があります。

ケース2　チームメイトの失敗やミスを受け入れられない小林選手

他の部員の失敗やミスに対して苛立っている小林選手は、妥協することや曖昧な状態を受け入れることが苦手で、自分にも他者にも厳しいタイプかもしれません。また、小林選手は、「部員が一丸となって練習に取り組むべき」と思っているだけでなく、「なぜそのような失敗をするのか」「なぜミスを繰り返すのか」という考えも抱いています。これらは、裏を返せば「失敗をすべきではない」「ミスを繰り返すべきではない」ということかもしれません。つまり、小林選手は、「～べき」という個人的な基準やルールを相手に適用する傾向があり、自分の期待や望みが通らない状況に苛立ちが募っている可能性もあります。

したがって、小林選手には、部員を変えようとすることではなく、部員が自ら変わろうと決心するために必要な勇気づけについて、知ってもらうことが大切だと考えられます。小林選手が有している勇気づけの力を信頼し、①キャプテンとしての絶え間ない努力や、部員に対しての多大な尽力などに対して感謝の気持ちを最初に伝えた上で、②部員の失敗やミスだけでなく、できていることやうまくいったことに着目すること、③たとえ部員が失敗やミスをしたとしても、キャプテンとして勇気づけの言葉をかけることの大切さを伝えると良いでしょう。そして、④それらの勇気づけに取り組む小林選手に対して、感謝と信頼の気持ちを重ねて表すことも肝要です。

なお、可能ならば、自分自身や他の部員がそれぞれにかけている「自分のメガネ」の違いを認識し、「折り合いのつくポイント」を見つけるための話し合いの場を設け、相互に勇気づけしあう時間を提供することも良いでしょう。そして、「どうしたらできるようになるか？」「今の自分に必要なものは何か？」「お互いに助けあえることは何か？」などについてともに考えることで、部内の「ヨコ」の関係を醸成し、選手一人ひとりが自ら考え、創造性や共同体感覚を養うことにつながることが予想されます。

ケース3　怪我を繰り返している坂口選手

坂口選手は、他の選手から投げかけられた「しっかりとトレーニングをしていないから、怪我を繰り返すのでは？」という雑音を拾ってしまい、自分に対する自信が揺らいでいるようです。第2章の認知論で説明したとおり、ある客観的事実に対して、人は自分の経験や記憶に基づいて主観的な意味づけを行っています。坂口選手の例では、「オーバートレーニングにより怪我を繰り返している」ということが客観的事実であり、「トレーニングをしていないから怪我を繰り返す」というのは、他の選手の主観的な解釈でしかありません。

一方で、坂口選手は思うように練習ができない中にあっても、トレーナーと相談しながら「今の自分にできること」を決定し、ひたむきに取り組んでいる様子が伺えます。つまり、怪我をしている現状において、無限に練習の選択の自由があるわけではないものの、自分のできる最大限の努力をするという行動を選択しているのです。これはまさに、第2章で解説した主体論に沿った生き方であり、怪我に苦しむ坂口選手が、自己決定して取り組んでいる努力のプロセスに対して、勇気づけを行うことが大切になります。

したがって、①客観的事実と他者の主観的な意味づけを切り分けた上で、②怪我による制限がある中で、創意工夫をしながら、今できる最大限の努力を行っていることを勇気づけるとともに、③現在の経験が、より良い未来にどのようにつながっていくのかについて、坂口選手が認識できるような声かけを行うと良いでしょう。

また、「みんな、これくらいの痛みは我慢してトレーニングをしている」といった言葉は、前述の阿部選手と同じく、誇張して物事を捉えている可能性があります。近年では、日本人は文化的に働きすぎる傾向にあるため、心身が疲れていてもトレーニングを優先させがちであることや、練習量の多寡だけでなく心理面のストレスがオーバートレーニングにつながることがわかっていますので、[40]④坂口選手が基本的な誤りを手放せるように、このようなスポーツ科学の知見を客観的事実として用いることも一つの案と言えるでしょう。

ケース4　厳格な母親のもとで育った田島選手

「あなたは間違っていると否定され、怒られるのではないか」という言葉にあるように、田島選手は、厳格な母親と似たタイプである女性のコーチとの関係において、何らかの不安や恐れを抱いている可能性があります。たしかに、幼少期に母親から否定されたり怒られたりした経験があるから、母親と似たタイプである女性のコーチに自分の意見を伝えることが困難であるとみなすこともできます。しかし、アドラー心理学の目的論から考えるなら、幼少期の経験は、影響因にはなっても決定因にはなりません。また、何らかの目的をもって、自分の思考や行動を決定していると考えます。よって、田島選手が、「何のために、コーチに意見を伝えないという行動をとっているのか」を考える必要があります。

また、「自分が選手それぞれに合わせて」指導するのではなく、「選手が自分の指導スタイルに合わせて」練習することを求めるコーチの指導スタイルに対して、田島選手が合わないと感じる背景には、「自分の特性に合わせて指導をしてほしい」という気持ちがあるのかもしれません。仮にそうであるならば、思い描く理想の自分や目標とする自分に近づくために、「自分の特性に合わせた指導」が必要であると、心の奥では感じているのかもしれません。

したがって、田島選手に対しては、①理想や目標とする自分がどのようなものであるかを確認した上で、②コーチに自分の思いや意見を伝えることが、田島選手にとってより良い未来につながる可能性を秘めていることに気づけるように、勇気づけを行うことが肝要でしょう。また、不安や恐れは、不確かな未来の結果に紐づいています。このことから、③コーチに意見を述べることで生じる可能性のあるネガティブな未来に対して、田島選手が抱くマイナスの感情（たとえば、「コーチとの関係が破綻し、新しいコーチを探さなければならなくなることへの不安」など）に寄り添いながら、④未来を自分の望むとおりにすることはできないけれど、「今の自分」を変えることはできること、⑤より良い未来のために、「今、田島選手が取り組む必要のある事柄は何か」「今、それにどのように取り組むのか」を考えれば良いことを伝えてみてはいかがでしょうか。

ケース5　引退を考えている中井選手

20年以上にわたり、中井選手がテニスを続けることができた根底には、「テニスが大好き」という思いがあるはずです。中井選手は、満足感や楽しみなどのような内的な要因、つまり自己決定性の高い内発的動機づけによってスポーツを継続してきたと言えるでしょう。第1章で説明したように、自己決定性の高い選手は、他者からの評価や結果に振り回されずに、適切な目標設定を行うことができます。

ところが、「最後の年に悔いを残したくない」「集大成と呼ぶのにふさわしい結果を残したい」とあるように、選手にとって大きなライフイベントとなる競技引退を控えた中井選手は、最後だからこそ記録や勝敗という目に見える結果を残したいと考えているのかもしれません。そして、

「なかなか結果がでないのは、自分に能力がないから」「他の選手は結果をだしている」という言葉から、他者比較や結果といった外的要因に囚われていることも伺えます。

このような中井選手の現状を見ると、「内発的動機によって動機づけられている中井選手」と、「外発的動機によって動機づけられている中井選手」のように分けて考えたくなるところですが、アドラー心理学の目的論や全体論の観点に立てば、あくまで一人の人間として、中井選手を全体的に捉えることが大切でしょう。なぜなら、内発的・外発的動機づけのいずれであっても、その背後には中井選手にとっての「理想の引退の迎え方」に向かう一貫した目的があるはずだからです。中井選手が、「テニスが大好きでずっと打ち込んできて、最後にその好きなものに裏切られている気がする」と感じるのは、相反するように見える二つの視点を、個人が内包している表れかもしれません。

そこで、中井選手に対して、①学業や仕事と両立させながら、20年以上の長きにわたってテニスと向き合ってきたこれまでのプロセスに勇気づけを与えるとともに、②集大成と呼ぶのにふさわしい結果とは、試合で勝つことや良い成績を残すことだけでなく、これまでの競技生活によって得た様々な成長にあるのではないかということや、③仮に、目に見える結果がでずとも、中井選手の歩んできたプロセスや、最後まで真摯に取り組み続けた努力は、何一つ損なわれないことを伝えると良いでしょう。

また、中井選手は、「自分は全然変わらない」と述べていますが、これは前述の阿部選手と同様に、過度の一般化や見落としをしている可能性があります。いずれにしても、ネガティブな側面にスポットライトを当ててしまい、練習を改善するための創意工夫や、仕事が終わった後に熱心に練習に取り組むひたむきさのような、中井選手の長所や努力が見えなくなっているのではないでしょうか。このことを踏まえ、④より良い未来へ向けて、努力し前進し続けている中井選手の姿に勇気づけを与えるとともに、⑤努力を続ける限り、中井選手の「集大成と呼ぶにふさわしい最後の試合」に一歩ずつ近づいていることなどを声かけすると良いと考えます。

以上のとおり、勇気づけのトレーニングにおける考え方についてここまで見てきました。繰り返しになりますが、これらは正しい答えやベストな考え方を提示したものではなく、あくまで考え方の一例となっています。ここで重要なことは、声かけや勇気づけの正解を探すことではなく、それぞれのケースで示されたわずかな手がかりを元にして、最大限に想像を膨らませながら、自分や他者がかけている多様な「自分のメガネ」を理解するための引きだしを増やすことです。そして、競技生活において、実際に生かしていくことが大切です。「日常使いの心理学」「実践の心理学」と称されるアドラー心理学は、日常生活の中で実践してこそ、その真価を発揮するものです。ぜひ、机上の空論で終えることなく、様々な場面で実践してみてください。

ここまで本書では、みなさんの競技生活がより豊かで充実したものになるように、自分自身に対する理解を深めたり、他者や物事の見え方が変わったりするようなヒントを提示することを心がけてきました。この本が、みなさんの視野を広げるきっかけの一つになるならば、著者として望外の喜びではあるのですが、きっかけとなることはできても、実際に行動に移すかどうかはみなさん自身の自己決定に委ねられています。自分自身の心と向き合うことは容易いことではないかもしれませんが、自分を勇気づけて、最初の一歩を踏みだしていただけたら幸いです。

●文献リスト

(1) 縄田 健悟 (2014). 血液型と性格の無関連性—日本と米国の大規模社会調査を用いた実証的論拠— 心理学研究、*85* (*2*)、148-156. https://doi.org/10.4992/jjpsy.85.13016

(2) 岩井 俊憲 (2014). マンガでやさしくわかるアドラー心理学2 実践編 日本能率協会マネジメントセンター

(3) 野田 俊作 (1989). アドラー心理学トーキングセミナー—性格はいつでも変えられる 星雲社

(4) Mosak, H. H., & Maniacci, M. P. (1999). *Primer of Adlerian psychology*. Oxfordshire: Taylor and Francis. (モサック、H. H. &マニアッチ、M. P. 坂本 玲子・キャラカー 京子 (翻訳) (2006). 現代に生きるアドラー心理学—分析的認知行動心理学を学ぶ 一光社)

(5) 野田 俊作 (監修) (1986). アドラー心理学教科書—現代アドラー心理学の理論と技法 現代アドラー心理学研究会 (編) ヒューマン・ギルド出版部

(6) 筒井 美紀 (2001). 周辺市場・若手女性労働者の「より難しい仕事の遂行意欲」の規定要因—自己有能感の重要性— 教育社会学研究、*68*、147-165.

(7) 内田 若希 (2016). コミュニケーション能力の評価 日本スポーツ心理学会 (編) スポーツメンタルトレーニング教本三訂版 (pp. 66-70) 大修館書店

(8) 濁川 孝志・上村 真美・大石 和夫・安川 通雄 (2000). アスリートにおけるタイプA行動様式とスポーツ障害 体力科学、*49* (*6*)、886.

(9) 中村 久人(2011). リーダーシップ発現のプロセスとサーバント・リーダーシップ論の展開 経営力創成研究, *7*, 71-82.
(10) 中込 四郎・岸 順治(1991). 運動選手のバーンアウト発症機序に関する事例研究 体育学研究, *35*(4), 313-323. https://doi.org/10.5432/jjpehss.KJ00003391772
(11) 上野 雄己・三枝 高大・小塩 真司・中澤 史(2017). スポーツ競技者における二分法的思考と心理的健康、成長感との関連 法政大学スポーツ研究センター紀要, *35*, 27-32. http://doi.org/10.15002/00013843
(12) 安田 貢・高根 信吾(2017). 大学生スポーツ選手の失敗に対する学習可能性が抑うつ症状におよぼす影響 *Journal of Health Psychology Research, 30*(*1*), 45-53. https://doi.org/ 10.11560/jhpr.160729045
(13) 種ヶ嶋 尚志・花沢 成一(2007). スポーツ競技者がもつ完全主義とソーシャルスキルがバーンアウトに及ぼす影響 心理臨床学研究, *25*(*3*), 356-361.
(14) 日比野 幹生・舟橋 弘晃・石井 隆憲(2020). ドーピングの誘発要因に対するエリートアスリートの認識に関する質的研究 体育学研究, *65*, 107-123. https://doi.org/10.5432/jjpehss.19046
(15) 向後 千春(2015). 今すぐ人生に効く9つのワーク アドラー"実践"講義 幸せに生きる 技術評論社
(16) 向後 千春(2016). 人生の迷いが消えるアドラー心理学のススメ 技術評論社
(17) 浅野 光紀(2003). 自己欺瞞はいかにして可能か 哲学, *109*, 23-46. http://doi.org/10.15002/00013843
(18) 大竹 優子(2010). 心理療法の構造分析—問題解決の手がかり及び抵抗操作のための技法について— アドレリアン, *23*(*3*) Retrieved from http://adler.cside.ne.jp/database/062/062_02_otake.pdf(2020年8月24日)
(19) 足立 啓美・鈴木 水季・久世 浩司(2014). 子どもの「逆境に負けない心」を育てる本—楽しいワークで身につく「レジリエンス」 法研
(20) Gawdat, M. (2017). *Solve for happy: Engineer your path to joy*. New York (NY): Gallery Books.
(ガウダット, M. 内田 若希(翻訳)(2020). ソルヴ・フォー・ハッピー—グーグルX最高業務責任者が発見した仕事や人生を豊かにする方程式 ミライカナイ)
(21) 橋本 公雄(2018). うまくいったこと日誌(未公刊).

(22) Seligman, M. E. P. (2012). *Flourish: A visionary new understanding of happiness and well-being*. New York, NY: Free Press.
（セリグマン、M. E. P. 宇野 カオリ（翻訳）（２０１４）. ポジティブ心理学の挑戦―“幸福”から“持続的幸福”へ ディスカヴァー・トゥエンティワン）
(23) 橋本 公雄（２０１８）. スポーツ競技における「うまくいったこと日誌」の活用法　日本健康心理学会メールマガジン、*73* Retrieved from http://jahp.wdc-jp.com/health/MM73.pdf（２０２０年８月30日）
(24) 酒井 圓弘（２０１５）.「がんばらない」ススメ 幻冬舎
(25) Adler, A. (1931). *What life should mean to you*. New York, NY: Little, Brown.
（アドラー、A. 岸見 一郎（翻訳）（２０１０）. 人生の意味の心理学（上）アルテ）
(26) 有冨 公教（２０１９）. ネガティブな思考のポジティブなはたらき　体育の科学、*69*（*8*）、565–569.
(27) 関矢 寛史（２０２０）. メンタルトレーニングへの導入：人間はなぜ感情を持つのか？　メンタルトレーニング・ジャーナル、*13*、13–16.
(28) 向後 千春（２０１７）. 幸せな劣等感―アドラー心理学〈実践編〉小学館新書
(29) 外山 美樹（２０１９）. 悲観主義の機能―物事を悲観的にとらえることによって成功している防衛的悲観主義者―　体育の科学、*69*（*8*）、561–564.
(30) 岩井 俊憲（２０１４）. 人生が大きく変わるアドラー心理学入門 かんき出版
(31) 鳥内 秀晃・生島 淳（２０１９）. どんな男になんねん―関西学院大アメリカンフットボール部鳥内流「人の育て方」ベースボール・マガジン社
(32) 小阪 康治（２０１０）. 電車のなかで化粧する若い女性の倫理観―世代による倫理観のちがいについて―　中村学園大学・中村学園大学短期大学部研究紀要、*42*、62–69.
(33) 岩井 俊憲（２０１１）. 勇気づけの心理学 増補・改訂版 金子書房
(34) 藤野 健太・和田 博史・山内 亮・根本 研・関口 脩・伊藤 雅充（２０１７）. アクションリサーチを用いたQuestioningスキルの熟達：ストレングス&コンディショニングコーチに着目して 体育学研究、*62*（*1*）、187-201. https://doi.

org/10.5432/jjpehss.16064
(35) Alfred, A. (1969, Original: 1928). *The science of living*. New York, NY: Doubleday Anchor Books.
（アドラー、A. 岸見 一郎（翻訳）（２０１２）. 個人心理学講義―生きることの科学 アルテ）
(36) 菅原 翔（２０１８）. 運動技能に与える声掛けの効果 体育の科学、*68*（*4*）、253-256.
(37) 島崎 崇史・吉川 政夫（２０１２）. コーチのノンバーバルコミュニケーションにおける研究：コミュニケーション能力およびコーチング評価との関連性 体育学研究、*57*（*2*）、427-447. https://doi.org/10.5432/jjpehss.11050
(38) 小林 紗織・有馬 比呂志（２０００）. 中学生への注意場面における私メッセージの効果 広島文教教育 *15*、17-124.
(39) 公益財団法人日本体育協会（２０１６）. 平成27年度コーチ育成のための「モデル・コア・カリキュラム」作成事業報告書 Retrieved from https://www.japan-sports.or.jp/Portals/0/data/ikusei/doc/curriculum/modelcore.pdf（２０２０年10月7日）
(40) REALSPORTS（２０１９）. 日本人は練習しすぎ？活動と休養のバランス崩壊が起こすオーバートレーニング症候群とは？ Retrieved from https://real-sports.jp/page/articles/295331022835287121（２０２１年1月13日）

あとがき

二〇一一年の春。新緑がキラキラと眩しい季節に、私は暗澹たる気持ちでモヤモヤとしていました。担当していた心理サポートで自分の力量不足を痛感することが多く、「このままで良いのだろうか」「臨床心理士の取得を目指したほうが良いのではないか」と自問自答を繰り返し、出口のない迷路で右往左往しているような状態でした。

そんな時、スーパーヴァイズをお願いしていた中島俊介先生（北九州市立大学名誉教授）が、おもむろに一冊の本を取りだしながらこう言いました。

「内田さん、アドラー心理学を勉強しなよ。スポーツ心理学と融合させたら、内田さんは無敵だよ」

手渡されたその本のタイトルは、『勇気づけの心理学』。これが、私がアドラー心理学と出会った瞬間でした。そして私は、アドラー心理学に魅了され、独学での勉強を開始したのです。

それから月日は流れ、二〇一五年の春。長く担当していた心理サポートのケースが一段落し、合宿に帯同することもなくなった私は、土日に時間的なゆとりを持つことができました。「時間に余裕がある今こそ、もっと実践的にアドラー心理学の理解を深めよう」―思い立ったが吉日ということで、私は『勇気づけの心理学』の著者であり、多くのアドラー派のカウンセラーを育ててきた岩井俊憲先生（ヒューマン・ギルド代表）のもとで、より実践的に学びを深めることを決めたのでした。

それからほぼ毎月のように、福岡から飛行機に飛び乗って東京の岩井先生のオフィスへ足を運び、アドラー心理学の知識を学ぶとともに、アドレリアン・カウンセリングのロールプレイや教育分析の経験を重ねてきました。

今現在において、「無敵」になれたかどうかは定かではありませんが、一皮も二皮も剥けて、着実に成長できたのではなかろうかと思っています。第三章で「自燈明」という言葉を紹介しましたが、アドラー心理学を学び、日常生活で実践を繰り返す中で、自分自身の心を頼りにして（ほとんど）揺らぐことなく歩んでいる自分がいることを実感するのです。

ですから、とてもユニークで、有用なヒントがギュッと詰まったこのアドラー心理学を、競技スポーツに関わるみなさんにご紹介する機会をいただいたことに、そしてまた、みなさんがこの本を手に取ってくださったことに、心から感謝しております。この本が、暗闇に差し込む一筋の光のように、自分の心と向き合い、競技生活や人生を彩り豊かなものにする手がかりとなったり、自分や他者を勇気づけ、幸せで楽しい道のりを歩むきっかけになったりするならば、著者としてこれ以上の喜びはありません。

さて、今日に至るまで、私は本当にたくさんの方々に勇気づけられてきました。研究者のタマゴだった私に、人間性も含めて多くの学びを与えてくださった大学院の恩師・橋本公雄先生（九州大学名誉教授）、心理的スキルトレーニングの基礎を教えてくださった徳永幹雄先生（九州大学名誉教授）、約15年にわたり、パラアスリートへの心理サポートをご一緒させていただく中で、様々な示唆を与えてくださった荒木雅信先生（大阪体育大学名誉教授）、アドラー心理学の世界へと導いてくださった中島俊介先生、そして、アドラー・カウンセラーとしての私を育て、視野を広げてくださった岩井俊憲先生。たくさんの葛藤や迷いの中で、先生方がかけてくださった絶え間ない勇気づけに、心よりお礼を申し上げます。また、本書の執筆を躊躇していた私を勇気づけ、刊行に向けてご尽力くださった大修館書店の丸山真司さんにも、この場を借りてお礼を申し上げます。そして最後に、いつも、どんな時でも、深い愛情に満ちた勇気づけを与えてくれる家族に、なによりの敬意と感謝を表します。ありがとうございました。

二〇二一年五月

内田　若希

〈著者紹介〉

内田 若希（うちだ わかき）

九州大学大学院人間環境学研究院准教授。博士（心理学）。スポーツメンタルトレーニング上級指導士（日本スポーツ心理学会）、アドラー・カウンセラー（日本アドラー・カウンセラー協会）。専門は、運動・スポーツ心理学、アダプテッド・スポーツ科学。著書に、『自己の可能性を拓く心理学：パラアスリートのライフストーリー』（金子書房）ほか。

〈スポーツ心理学のフロンティア〉

スポーツ選手のためのアドラー心理学

NDC780 ／ x, 198p ／ 19cm

初版第1刷――2021年9月10日

著者――内田若希

発行者――鈴木一行

発行所――株式会社 大修館書店

〒113-8541 東京都文京区湯島2-1-1

電話 03-3868-2651（販売部） 03-3868-2297（編集部）

振替 00190-7-40504

［出版情報］ https://www.taishukan.co.jp/

装丁者――井之上聖子

章扉イラスト―荒木ヤスコロリ

組版所――明昌堂

印刷所――横山印刷

製本所――ブロケード

ISBN978-4-469-26917-8 Printed in Japan